N&K

Jürg Wegelin

Jean Ziegler

Das Leben eines Rebellen

Nagel & Kimche

1 2 3 4 5   15 14 13 12 11

© 2011 Nagel & Kimche
im Carl Hanser Verlag München
Herstellung: Andrea Mogwitz und Rainald Schwarz
Satz: Satz für Satz. Barbara Reischmann
Druck und Bindung: Friedrich Pustet
ISBN 978-3-312-00485-0
Printed in Germany

Inhalt

Vorwort

Mit Ausnahme des SVP-Strategen Christoph Blocher gibt es in der Schweiz kaum eine Person, die die öffentliche Meinung derart heftig polarisiert wie Jean Ziegler. Für die einen ist er ein mutiger Kämpfer für eine bessere, von Hunger und Armut befreite Welt. Für die anderen ist er ein Querulant und Nestbeschmutzer, der das Image der Schweiz im Ausland nachhaltig beschädigt.

Ziegler ist aber nicht nur eine der umstrittensten Persönlichkeiten in unserem Land, der Soziologe und Bestsellerautor ist auch, abgesehen vom Tennisstar Roger Federer, der vielleicht bekannteste zeitgenössische Schweizer im Ausland. Selbst die Namen unserer Regierungsmitglieder sind international weniger bedeutend. Wenn Ziegler seine Bücher vorstellt – einige von ihnen sind in über ein Dutzend Sprachen übersetzt –, strömen die Leute in Scharen zu den Veranstaltungen. Für sein jüngstes Buch, *Der Hass auf den Westen* aus dem Jahr 2009, in dem der Autor die kritische Haltung vieler Länder gegenüber dem Westen zu erklären versucht, absolvierte er eine monatelange Lesereise durch die Schweiz, durch Frankreich, Deutschland, Italien, Spanien und Holland, und überall erregte er Aufsehen.

Ich lernte Jean Ziegler Ende der sechziger Jahre im Verlauf meines Soziologie- und Wirtschaftsstudiums an der Universität Bern kennen. Damals hielt er als Privatdozent ein Seminar über Entwicklungssoziologie. Die drei soziologischen Bücher, die er bis dahin geschrieben hatte, waren nur in Fachkreisen bekannt; auch als Nationalrat der Sozialdemokratischen Partei war sein Name nur wenigen geläufig. Wir Studenten fanden Ziegler erfrischend. Die meisten Professoren beschränkten sich damals darauf, ihre Vorlesungsmanuskripte vom Katheder herab Wort für Wort abzulesen. Studenten, die ihre zum Teil praxisfernen Theorien in Frage stellten, wurden auf Distanz gehalten und zuweilen patriarchalisch-autoritär zurechtgewiesen. Ziegler tat das nicht. Wer mit seinen Thesen nicht einverstanden war, konnte ihm das frei heraus ins Gesicht sagen, ohne deshalb Nachteile irgendwelcher Art befürchten zu müssen. Wir durften auch seine vielen Absenzen offen kritisieren. Vor allem aber war er fachlich interessant: Seinen Studenten eröffnete er eine völlig neue Sicht auf die Probleme der ehemaligen Kolonien. Die damit einhergehende andere Bewertung war überfällig. Denn zu dieser Zeit glaubten noch bedeutende Teile der Schweizer Eliten an die fruchtbaren Effekte der jüngst erst beendeten Kolonialherrschaft.

Unmittelbar nach dem Ende meines Studiums habe ich Ziegler noch ein- oder zweimal getroffen. Eine der Begegnungen fand Mitte der siebziger Jahre statt, als ich bei ihm in Choulex zum Mittagessen eingeladen war. Sehr gut erinnere ich mich daran, wie er vor mir und meiner Frau Claudine seinen etwa fünfjährigen Sohn Dominique ermahnte, weil dieser seinen Teller nicht leer gegessen hatte. Ziegler versuchte ihm zu erklären, dass in anderen Ländern viele Kinder hungerten, während es ihm hier in der reichen Schweiz vergönnt sei, sich satt zu essen. Eine solche Ermahnung gehörte, zumal in den Siebzigern, durchaus schon zum Standard pädagogischen Selbstverständnisses. Bezeichnend ist aber, wie solche Einsichten den Vater selbst prägten: Das zum schlechten Gewissen gereifte Bewusstsein, zu den Privilegierten zu gehören, treibt Ziegler bis heute an.

In den darauffolgenden Jahren schlief mein Kontakt zu

Ziegler ein. Meine Arbeit als Wirtschaftsjournalist ergab weniger Berührungspunkte; als Beobachter verfolgte ich Zieglers politische und publizistische Tätigkeit allerdings weiterhin. Seine Präsenz auf allen Medienkanälen wuchs zusehends. Doch wenn ich ihn im Fernsehen sah, war es nicht der Ziegler, den ich von meinem Studium her kannte. Bei seinen Auftritten wirkt Ziegler nicht wie sonst – man kann sogar sagen: Er ist und denkt eigentlich anders, als er sich vor der Kamera darstellt. Am Bildschirm und vor dem Mikro macht er sich – oft zum eigenen Nachteil – zu einer Karikatur. Tatsächlich denkt er viel differenzierter, als es in solchen Interviews den Anschein hat. Deutlich wurde mir das besonders bei meinen Recherchen für dieses Buch und den jüngsten persönlichen Begegnungen mit ihm.

Als Universitätsprofessor, als Politiker und als Bestsellerautor löste Ziegler schweizweit immer heftige Kontroversen aus. Seine Behauptungen, seine Person lassen kaum jemanden kalt. Wer für eine Veranstaltung eine Erfolgsgarantie braucht, muss nur den Ziegler einladen. Das haben mittlerweile auch findige Veranstalter gemerkt, die mit seinen Thesen überhaupt nichts am Hut haben. Ziegler trat auch schon bei der Polizei Solothurn auf oder beim exklusiven Harvard Club of Switzerland.

Doch längst nicht alle wollen ihm zuhören. Bei einigen seiner Gegner sitzt der Hass auf ihn sehr tief, wie die Drohbriefe zeigen, die nach jeder neuen Buchpublikation stapelweise bei ihm eintreffen. «Fassen sie Mut und erhängen sie sich» [sic], schrieb ihm einmal ein wütender Metzger aus dem Zürcher Oberland und legte seinem Schreiben gleich noch den passenden Strick bei. Ziegler polarisiert aber nicht entlang der Linie zwischen politischen Linken und Rechten. Auch unter den Sozialdemokraten hat er neben einer großen Fangemeinde auch viele Feinde. Das Enfant terrible der SP «wird geliebt oder gehasst, verehrt oder verurteilt. Um Jean Ziegler ist es heiß oder kalt, nie lauwarm», sagte der ehemalige SP-Präsident Helmut Hubacher einmal. Ziegler hat sich in der Sozialdemokratie nie domestizieren und auf Kurs bringen lassen. Mit pointierten Meinungen bereitete er den Parteistrategen immer wieder Kopfzerbrechen.

Andererseits gibt es nicht wenige bürgerlich denkende Leute, die Ziegler viel Sympathie entgegenbringen. Sie bewundern seinen Mut, Missstände offen beim Namen zu nennen. «Wir denken nicht immer gleich, aber wir sind immer auf der gleichen Wellenlänge», schrieb ihm 1991 Roger de Weck, heute SRG-Generaldirektor, in einem persönlichen Brief. De Wecks Vater Philippe sah das als Präsident der Schweizerischen Bankgesellschaft allerdings noch ganz anders: «Ich verliere meine Zeit nicht, über diesen Monsieur zu reden, er ist nicht seriös.» Viele Liberale, für die der Liberalismus keine leere Worthülse ist, finden heute, die politisch stabile Schweiz könne einen Störenfried wie Ziegler durchaus verkraften, ja das Land brauche ihn sogar. Denn eine Demokratie ist auf Bürgerinnen und Bürger mit Zivilcourage angewiesen, die es wagen, sich frei von Vorteilnahme und taktischen Spielchen zu exponieren.

Außerhalb unseres Landes genießt Ziegler in akademischen und in politischen Kreisen hohes Ansehen. Das deutsche Magazin *Cicero* nannte ihn 2007 unter den «200 führenden deutschsprachigen Intellektuellen mit dem größten geistigen Einfluss».

Trotzdem ist Ziegler für viele Schweizer und Schweizerinnen weiterhin ein rotes Tuch. Die meisten kennen ihn nur von seinen Fernsehauftritten, wenn er im Stakkato sein Mantra gegen den «Raubtierkapitalismus» herunterraspelt. Das geht vielen Zuschauern zu weit – und ihr Interesse an seinen Argumenten stößt an ein abruptes Ende. Ziegler vertritt seine Thesen immer sehr plakativ, seine Kategorien sind Schwarz und Weiß, Gut und Böse. Das haben ihm auch einige seiner besten Freunde vorgehalten. Doch Ziegler lässt sich nicht beirren. Wenn er nicht übertreibe und seine Argumente zuspitze, werde er nicht gehört, kontert er.

Wenn Ziegler dem Fernsehzuschauer oder dem Radiohörer in eindringlichem Ton vorrechnet, dass in der südlichen Hemisphäre alle drei Sekunden ein Kind unter zehn Jahren vor Hunger stirbt, ist das allerdings keine Erfindung, sondern traurige Wahrheit. Der zu Hause in der warmen Stube sitzende Mitbürger hört solche unbequemen Tatsachen nicht gern in dieser ungeschminkten Art. Setzt Ziegler dann noch eins drauf, indem er diese Zustände als blanken Mord bezeichnet, schlägt beim Zuschauer die Betroffenheit in Abwehr um. Es ist eben nicht das gleiche, wenn in der Tagesschau genau dieselben dramatischen Tatsachen gezeigt werden. Dort ist es eine nüchterne Nachricht, die etwas Schicksalhaftes, Unabänderliches suggeriert, und außerdem wechselt der Sprecher innert Minuten zu einem anderen Thema. Das erleichtert das Weghören ungemein.

Ziegler spickt seine mündlichen und schriftlichen Ausführungen immer mit einer Menge Zahlen und Daten. Wenn er seine Gesellschaftskritik noch mit Anekdoten und eigenen Erlebnissen farbig ausschmückt, gehen mit ihm nicht selten die Pferde durch. Obwohl er ein phänomenales Gedächtnis besitzt, lässt er sich oft sehr weit auf die Äste hinaus. Deshalb unterlaufen ihm immer wieder Fehler. Ungenauigkeiten und Übertreibungen liefern seinen Gegnern die Argumente, um ihn zu diskreditieren und seine Glaubwürdigkeit in Frage zu stellen. Allerdings verdrehen dabei auch sie oft die Wahrheit. Viele sind bei ihrer Ziegler-Kritik nicht zimperlich, etwa wenn sie seine Person angreifen, statt zur Sache zu reden. Wer sich im Mainstream der öffentlichen Meinungsbildung bewegt, hat es da leichter. Die Beweislast ist für denjenigen, der die Position einer Minderheit vertritt, ungleich drückender.

Der Publizist und Dritte-Welt-Spezialist Al Imfeld versuchte diesen wunden Punkt Zieglers einmal mit einem Vergleich zu relativieren. Ziegler sei eben wie ein biblischer Prophet: Wenn in der Bibel stehe, Noah sei neunhundertfünfzig Jahre alt geworden, dann wisse jeder, dass diese Zahl kein reales Alter ausdrücke. Es bedeute einfach, dass Noah sehr, sehr alt geworden sei. Und wenn Ziegler von zweihundert Milliarden Franken rede, dann heiße dies ganz einfach, dass es um sehr viel Geld gehe. Ziegler macht keinen Hehl daraus, dass er Zahlen hasst. Seiner Ansicht nach sind Zahlen etwas für pedantische, altmodische Buchhalter. Häufig kommt es ihm auf ein paar Nullen mehr oder weniger nicht an.

Als ihn sein Parteigenosse Rudolf Strahm einmal darauf aufmerksam machte, dass er mit einer seiner Behauptungen um eine Zehnerpotenz danebenliege, antwortete Ziegler, es gehe hier nicht um die Stellen vor und hinter dem Komma, sondern in erster Linie um die Richtigkeit seiner Botschaft. «Meine Feinde sind die Krämer des Details. Details sind die Kanonen, die sich auf mich richten.» Da halte er es mit dem österreichischen Schriftsteller Karl Kraus, der einmal gesagt habe: «Er schießt oft über das Ziel hinaus, aber selten daneben.» Das sei es, was für ihn zähle. Die Kritik scheint Ziegler somit nicht groß zu kümmern. In seiner Sicht heiligt der gute Zweck manchmal die Mittel.

Tatsächlich trifft Ziegler trotz aller Fabuliererei und Übertreibung den Nagel oft genug auf den Kopf. Das wurde mittlerweile auch schon von der *Neuen Zürcher Zeitung* eingeräumt. «Manche Kritiker werfen Ziegler falsches Weltretterpathos vor, Schwarzmalerei und knalligen Stil bis zur Ungenauigkeit. Verallgemeinerungen sind auch nicht zu übersehen. Aber wenige haben behauptet, er habe im Grundsatz nicht oftmals recht», schloss die *NZZ* ihre Besprechung des jüngsten Buchs *Der Hass auf den Westen*. Tatsache ist, dass Ziegler bereits in den siebziger Jahren kritisierte, afrikanische und lateinamerikanische Diktatoren könnten ihre dem Volk gestohlenen Millionen oder gar Milliarden ungestört und zu lukrativen Bedingungen auf Schweizer Banken parkieren. Mussten diese korrupten Machthaber später einer neuen Regierung weichen, kämpfte diese dann meist vergeblich für die Rückerstattung der geraubten Vermögen. Trotz Zieglers Vorstößen, hat das Parlament Lösungen dieses Problems immer wieder auf die lange Bank geschoben.

Da er seine Kritik auch in dieser Frage immer sehr undifferenziert äußerte, war es für seine Gegner leicht, ihn als inkompetenten Schaumschläger zu diffamieren. Doch auch in diesem Fall hat er den Finger auf die richtige Stelle gelegt.

Ziegler hat außerdem immer moniert, unter dem Deckmantel des Bankgeheimnisses würden gesetzeswidrige Geschäfte getätigt. Die mit viel krimineller Energie verfolgte Verletzung von Steuergesetzen durch Vertreter der UBS in den USA, die erst 2009 ans Tageslicht kam, hat Zieglers Behauptung bestätigt. 2010 sah sich sogar Bundesrat Hans-Rudolf Merz veranlasst, in einer Kommissionssitzung bei der Behandlung der UBS-Affäre das Wort «Banditen» zu verwenden. Solche Kraftausdrücke hatte man bislang nur von Ziegler gehört.

Ziegler war nicht immer ein linker Polterer. Die Laufbahn des als Hans Ziegler getauften Sohns eines bernischen Gerichtspräsidenten und Obersten der Schweizer Armee bis zum linksradikalen, frankophonen Soziologieprofessor Jean Ziegler ist voller Brüche. Erst im Laufe seines Rechts- und Soziologiestudiums löste er sich nach und nach von seinem protestantisch-bürgerlichen Milieu, und eine mehrere Jahre dauernde Suche nach einem neuen Weltbild führte ihn in den französischen Kulturraum. Der Bürgersohn aus Thun wandelte sich zum libertären Marxisten und konvertierte zum Katholizismus. Zieglers Lebenslauf, kurvenreich und voller Brüche, reizte mich besonders, ein Buch über ihn zu schreiben.

Als ich nach Beendigung meiner Biographie des Swatch-Gründers Nicolas Hayek mit Ziegler Kontakt aufnahm und ihm meine Absicht mitteilte, nun über ihn zu schreiben, reagierte er skeptisch. Er hatte bereits zwei entsprechende Anfragen «aus Zeitmangel», wie er sagte, abgelehnt. Auch der Bertelsmann Verlag hatte ihn schon mehrfach gedrängt, sein Leben in Form von Gesprächen festhalten zu lassen. Meine Absicht war jedoch eine andere. Wie schon bei *Mister Swatch* wollte ich nicht ein Buch schreiben, das von den Erinnerungen der Hauptperson dominiert ist. In solchen Biographien wird die Wirklichkeit meist so geschildert, als käme sie gerade aus der chemischen Reinigung, wie der Schriftsteller Charles Lewinsky einmal treffend bemerkte.

Tatsächlich erinnern wir uns meist weniger an das, was tatsächlich geschah – und eher an das, was in das Bild passt, das wir uns von uns selbst machen. Auch mein Buch stützt sich deshalb vorwiegend auf Informationen von Personen, die Ziegler gut kennen. Ich führte Gespräche mit mehreren Dutzend Politikern, Soziologen, Freunden und Gegnern von Ziegler. Ich hatte auch die Gelegenheit, Ziegler im Lauf meiner Arbeit mehrmals zu treffen, um gewisse Unklarheiten zu besprechen oder Widersprüche zu klären. Er war sich von Anfang an bewusst, dass er auf das Resultat meiner Recherchen keinen Einfluss würde nehmen können. Ich habe auf seinen Wunsch hin einzig eine Passage über seine Rolle bei der Bewältigung der libyschen Geiselaffäre gestrichen, weil dies seine Stillschweigepflicht gegenüber dem Departement für auswärtige Angelegenheiten verletzt hätte. Sonst betrafen seine Korrekturwünsche nur ein paar sachliche Details wie zum Beispiel die Verwechslung von Personen. In diesem Sinn ist Ziegler recht eigentlich ein Liberaler. Er ist, auch was seine eigene Person angeht, ein vehementer Verfechter des Meinungspluralismus und einer offenen Diskussionskultur, ganz im Gegensatz zu vielen seiner Gegner, die immer wieder versucht haben, ihn mit juristischen Mitteln mundtot zu machen.

Für die meisten dieser Gespräche trafen wir uns in Genf hinter dem Bahnhof, im Café des Cheminots, der einzigen in Genf noch existierenden Gewerkschaftsbeiz, zum Mittag- oder Abendessen. Es war immer sehr schwierig, in Zieglers vollem Kalender freie Termine zu finden. Zudem kehrte er bei diesen Treffen oft den Spieß um: Er stellte mir mehr Fragen als ich ihm. Unsere anregenden Gespräche über Gott und die Welt haben mir jedoch erlaubt, ihn noch besser kennenzulernen.

Zu Hilfe kam mir außerdem das umfangreiche Material, das im Bundesarchiv lagert. Zufällig wurde Ziegler kurz vor Beginn meiner Arbeit aufgefordert, seinen Vorlass dem Bundesarchiv zu übergeben. Rund hundertvierzig Schachteln mit Dokumenten, Briefen, Manuskripten und rund hundert TV- und Radiokassetten lagern nun an der Archivstrasse 24.

In Zieglers Werdegang haben mich vor allem die vielen Brüche interessiert. Ihn konnten die Eltern nicht einfach auf die Schiene setzen, um ihn auf das vorgegebene Ziel fahren zu lassen. Er war immer ein Suchender. Gefragt habe ich mich auch, was ihn bei seinem unermüdlichen Kampf für eine bessere Welt antreibt. Obwohl der Ruhelose in wenigen Jahren achtzig Jahre alt wird, streitet er noch immer mit demselben *feu sacré* wie in jungen Jahren. Woher hat er diese Energie? Immer noch steht er ständig unter Strom und hetzt von einer Lesung zur andern, von einem Interview zum nächsten.

Über Zieglers Leben kursierten bisher zahlreiche widersprüchliche Informationen. Denn obwohl viele Journalisten ihm immer wieder die gleichen Fragen stellten, hat er sie zuweilen ganz unterschiedlich beantwortet. «In meinem Gedächtnis gibt es ausgedehnte Nebelgebiete, in denen ich vergeblich nach Konturen Ausschau halte», schrieb Ziegler in seinem Buch *Wie herrlich, Schweizer zu sein.* In diesen Nebelgebieten habe ich versucht, mich etwas genauer umzuschauen.

In einem ersten Schritt wird hier das Milieu beschrieben, in dem Ziegler aufgewachsen ist. Dann versuche ich die Schlüsselerlebnisse festzumachen, die ihn dazu veranlassten, sich von seiner Vergangenheit völlig zu lösen und als politischer und religiöser Konvertit in einem anderen Sprachraum ein neues Leben zu beginnen. Es ging mir hingegen nicht darum, Zieglers zahlreichen Bücher zu besprechen oder zu würdigen. Das haben andere schon zur Genüge getan. Auf den Inhalt seiner rund drei Dutzend Werke werde ich nur insoweit eingehen, als dies für die Nachzeichnung seines Lebens notwendig ist.

Dichtung und Wahrheit
Jugend in Thun

An dem Märztag des Jahres 2009 war es selbst im klimatisch wenig verwöhnten Thun frühlingshaft warm. Der Schnee auf den Bergen des Berner Oberlands begann zu schmelzen. Das Wasser sammelte sich im Thunersee, um dann in der grünen Aare gemächlich durch die Altstadt zu fließen. Auf dem gepflasterten Rathausplatz standen die Kadetten in ihren blauen Jacketts Spalier. Die Jugendorganisation hatte den Auftrag, dem diesjährigen Träger des Thun-Preises einen feierlichen Empfang zu bereiten. Für einmal galt diese Ehre nicht einer einheimischen Lokalgröße, sondern dem Soziologen Jean Ziegler. Und zwar obwohl der ursprünglich aus Thun stammende, international bekannte Autor seiner Vaterstadt schon vor rund fünfzig Jahren den Rücken gekehrt hatte, um im französischen Sprachraum eine neue Heimat zu finden.

Fast immer, wenn es in dieser Kleinstadt etwas zu feiern gibt, werden die Kadetten aufgeboten, um dem Anlass mit lauten Trommelwirbeln eine entsprechende Note zu verleihen. Diesmal hatte ihr Auftritt jedoch eine besondere Bewandtnis. Ziegler war nämlich in seinen Jugendjahren Hauptmann des Thuner Kadettencorps gewesen. Er wertet diese Episode heute als eine Art Jugendsünde. Als ihm ein Journalist einmal ein Foto, auf dem er in Uniform zu sehen ist, unter die Nase hielt, war er ganz perplex: «Diesen Hans kann ich mir nicht mehr vorstellen, ich weiß nicht, wie das möglich war, dass ich mit einem Säbel herumlief, in der Ge-

Hauptmann Hans Ziegler (Mitte) und zwei seiner Offiziere

gend herumböllerte – das ist mir in der Retrospektive ein Horror. Ich verdränge es … Ich glaube es kaum, komme mir vor wie ein Marsmensch.»

Auch wenn es Ziegler heute nicht mehr wahrhaben will, war er damals mit seinen drei Sternen am Kragen als Oberhaupt dieser Jugendorganisation mit rund vierhundert Mitgliedern doch eine Autoritätsperson. Zu der Zeit ging es in dem Verein noch nicht so locker zu wie heute. «Wir widmeten uns vornehmlich dem Schießen, dem Drill und der körperlichen Ertüchtigung», erinnert sich ein ehemaliger Kadettenkamerad. Für Ziegler dürfte an diesem Frühlingstag das

Abschreiten der Ehrenformation ein recht seltsames Gefühl gewesen sein. Denn heute hasst er solche Zeremonien, wie überhaupt alle von Institutionen ausgehenden Zwänge.

Damit war es noch nicht vorbei: Im Stadtratssaal wurde zur Feier des Tages der schwermütig klingende Berner Marsch gespielt. Wie es im Kanton Bern der Brauch ist, erhoben sich alle Anwesenden von ihren Sitzen. Als dann ein Geigenspieler eine Variation auf die «Internationale» intonierte, das Kampflied der sozialistischen Arbeiterbewegung, wollte Ziegler instinktiv auch dazu aufstehen. Er unterließ es im letzten Moment, weil seine Frau, Erica Deuber-Pauli, ihn gerade noch zurückhalten konnte. Der Skandal wäre perfekt gewesen. Denn das Publikum bestand keineswegs nur aus politisch Linken. Unter den Gästen befand sich etwa alt Bundesrat Adolf Ogi, der es sich nicht nehmen ließ, von Anfang bis Ende der Feier dabei zu sein. Das klingt erstaunlich: Obwohl Ogi als SVP-Mitglied mit Ziegler das Heu beileibe nicht auf der gleichen Bühne hat, schätzen die beiden einander nicht nur, sondern sie sind auch miteinander befreundet. Als die *Basler Zeitung* Ogi einmal fragte, wie seine Sympathie zu Ziegler zu erklären sei, antwortete er: «Weil er aus seinem Herzen keine Mördergrube macht.»

Ogi konnte von Zieglers ideologischen Positionen immer abstrahieren. «Jean ist nicht einfach ein Theoretiker, er hat für die Armen und die Hungernden auf der Welt sehr viel getan», befindet Ogi. Die zwei gebürtigen Oberländer sind seit ihrer gemeinsamen Zeit im Nationalrat befreundet und gingen auch schon zusammen wandern. Was Ogi an Ziegler ebenfalls schätzt: dass der Genfer Professor ihm im Gegensatz zu vielen anderen Parlamentariern nie zu spüren gab, dass er weder ein Studium noch die Matura absolviert hat. Umgekehrt ist Ziegler für Ogi des Lobes voll: «Er ist einer der Besten. Er hat eine unheimliche Vitalität und ist vollständig unkonventionell in seinem Denken. Für das Verteidigungsdepartement ist er ein Geschenk des Himmels», sagte er, als Ogi noch Armeeminister war. Beide Politiker kennen gegenüber ihren Gegnern keine Berührungsängste. Der Kontakt zwischen den zwei Familien datiert weit zurück. Bereits Ogis Schwiegereltern kannten Zieglers, da sie ihre Wurzeln ebenfalls in Bangerten im Berner Seeland haben.

Was war geschehen, dass Thuns «verlorenem Sohn» und «enfant terrible» aus Genf der 9. Thun-Preis verliehen wurde? Buchhändler Markus Krebser, ein Jugendfreund Zieglers, der selbst ein paar Jahre zuvor diesen Preis für seine lokalhistorische Arbeit erhielt, hat eine simple Erklärung: «Der Gemeinderat konnte es sich ganz einfach nicht mehr leisten, den bekanntesten Thuner, der es bis zum Uno-Sonderberichterstatter für das Recht auf Nahrung gebracht hat, links liegen zu lassen.» Die Stadtbehörden haben lange mit dem Entscheid gerungen, ihn dann aber schließlich einstimmig gefällt.

Bislang erhielten den Preis vor allem Organisationen und Persönlichkeiten, die sich um die Stadt verdient gemacht hatten, etwa der Löschzug der Feuerwehr oder der Verantwortliche des Thun-Festes. Strenggenommen war die Wahl Zieglers nicht ganz statutengemäß. Aber wer sich die Frage stellte, welcher Thuner Bürger in seinem Leben etwas bewegt hat, musste – unabhängig vom politischen Standort – unweigerlich auf den Namen Ziegler fallen.

Die Stadtbehörden dachten, mit dem Ende von Zieglers Mandat als Uno-Sonderberichterstatter für das Recht auf Nahrung sei der ideale Zeitpunkt für diese Preisverleihung gekommen. Der bekannte Thuner habe ja nun eine Menge Zeit, um in seine Heimatstadt zu kommen und den Preis in Empfang zu nehmen, glaubten sie. Doch sie irrten sich. Obwohl Ziegler in wenigen Jahren seinen achtzigsten Geburtstag feiern wird, ist sein Terminkalender immer noch restlos ausgebucht. Ein Jahr habe es gebraucht, um ein passendes Datum zu finden, sagte Stadtpräsident Hansueli von Allmen, der früher einmal mit Ziegler zusammen ein paar Jahre als Mitglied der SP-Fraktion im eidgenössischen Parlament gesessen hatte, in seiner Laudatio. «Dein unermüdliches Mahnen und Aufrütteln und die Solidarität mit den Ärmsten der Armen verdient Respekt und unsere Anerkennung», begründete der Stapi die Preisverleihung.

Für Ziegler war es völlig neu, in seiner Heimatstadt in solch hohen Tönen gelobt zu werden. Zuvor hatte er von dort meist nur bissige Kritik zu hören bekommen. Die Anfeindungen arteten nicht selten in eine bösartige Diffamierung aus. Die Einstellung hat sich in jüngerer Zeit etwas gewandelt. «Ich bin längst nicht immer einverstanden mit seinen Argumentationen, und doch bin ich überzeugt, dass die Welt sicherer wäre, wenn man mehr auf diesen Mann hören würde», schrieb Architekt Christoph Müller, Vorstandsmitglied des Fördervereins des Thuner Kunstmuseums, unlängst in seiner Kolumne im *Thuner Tagblatt*. Noch vor zehn Jahren wären solch wohlwollende Worte in der Lokalpresse undenkbar gewesen.

Natürlich freuten sich in Thun längst nicht alle Einwohner über diese Preisverleihung. Zwar steht seit 2002 in der Stadtverfassung: «Die Stadt Thun versteht sich als weltoffene Stadt.» Trotzdem ist der älteste Waffenplatz der Schweiz und bedeutende Standort der Rüstungsindustrie immer noch ein eher konservatives Pflaster. Ziegler gilt bei einem Großteil der Bürger und Bürgerinnen auch heute noch als übler Nestbeschmutzer. Viele werfen ihm vor, dass er sich darauf kapriziere, in seinen Büchern und Zeitungsinterviews die Schweiz im Ausland in den Dreck zu ziehen. So erhielt die Buchhandlung Krebser nach der Autorenlesung von Zieglers *Der Hass auf den Westen* eine Menge gehässiger Briefe. «Ich werde Ihre Buchhandlung nie mehr betreten», hieß es in einem dieser Schreiben. Dass Ziegler dem bürgerlichen Milieu den Rücken gekehrt und als Marxist einen politischen «Klassenwechsel» vollzogen hat, haben ihm besonders Leute seiner eigenen Generation nie verziehen.

Trotzdem zeigt sich der am 19. April 1934 geborene, streitbare Intellektuelle immer noch stolz, ein waschechter Thuner zu sein. Wenn er hierherkomme, wolle er jedes Mal möglichst viele Sträßchen ablaufen und verschütteten Erinnerungen nachspüren, erzählt seine Schwester Barbara König-Ziegler. Ziegler liest, wenn er in der Schweiz ist, immer noch regelmäßig das *Thuner Tagblatt*, das er abonniert hat. Er komme auch oft an die Klassenzusammenkünfte des Progymnasiums, erzählen seine ehemaligen Schulkollegen. Er müsse sich dort zwar jeweils für seine Auftritte in den Medien viel Kritik gefallen lassen, doch ihr ehemaliger Mitschüler nehme das immer recht sportlich.

Im Gespräch mit Adolf Ogi schwärmte Ziegler einmal, wie unsinnig schön es sei, in Thun aus dem Zug zu steigen und Eiger, Mönch und Jungfrau zu sehen. Allerdings wirkte das schöne Panorama in seiner Jugendzeit ganz anders auf ihn als heute: «Während meiner gesamten Kindheit und Jugend hat dieses Gebirge meinen Horizont versperrt», schrieb er in *Wie herrlich, Schweizer zu sein*. Obwohl sich Ziegler im politischen Klima Thuns nicht heimisch fühlt, ist er mit dieser Stadt emotional eng verbunden geblieben. «Es gibt Wichtigeres als das Einverstandensein mit politischen Ideen. Es geht um Prinzipien: Arbeiten, so viel man kann, guten Glaubens sein, Eitelkeit und Arroganz vermeiden.» Das sei entscheidend. Diese protestantisch-calvinistische Ethik wurde Hans früh von seinen strengen Eltern eingeimpft. In der Familiengeschichte gab es viele protestantische Theologen.

Das bürgerlich-konservative Weltbild, das ihm seine Eltern mitgaben, hat er hingegen wie schweren Ballast abgeschüttelt. Dies erklärt auch, weshalb er sich seiner Muttersprache nur noch sehr wenig bedient. Um sich von den Nachwirkungen seiner Sozialisation lösen zu können, spricht und schreibt Ziegler seit seinem Wegzug aus Thun fast nur noch französisch. Denn jede Sprache ist mit den in ihr codierten kulturellen Verhaltens- und Denkmustern verwachsen. Trotzdem will Ziegler nicht etwa seine Herkunft verleugnen – was ihm bei seinem ausgeprägten Deutschschweizer Akzent ohnehin nicht gelingen würde.

Getauft wurde Jean mit dem Vornamen Hans. Schon sein Vater, sein Großvater und sein Urgroßvater hießen Hans. Zu Hause und in der Schule wurde er, wie im Bernbiet üblich, «Housi» genannt. Die Zieglers waren in Thun eine angesehene Familie des gehobenen Mittelstands. «Sie gehörten hier zu den ‹Mehrbesseren›», sagt Heinrich Schneider, der unter Ziegler als Kadett diente und später stellvertretender Generalsekretär der Schweizerischen Bankiersvereinigung wurde. Als General Guisan Thun besuchte, sei die Ehre, dem Oberbefehlshaber den Blumenstrauß überreichen zu dürfen, ganz selbstverständlich Zieglers Schwester Barbara zugefallen.

Zieglers Mutter, Lea Johanna, geborene Walther, die Tochter eines wohlhabenden Landwirts aus Bangerten, war eine lebhafte und fröhliche Frau. «Jean hat das Missionarische von ihr geerbt. Sie hat ihn dauernd davon zu überzeugen versucht, dass er auf dem falschen Weg sei. Am liebsten hätte sie ihn als Pfarrer gesehen. Am Familientisch gab es immer hitzige Diskussionen, wobei wir vor allem ihm zuhörten», erzählt seine Schwester Barbara. Lea Ziegler starb 1989 kurz nach Ostern, während ihr Sohn in Libyen war, wo ihn Revolutionsführer Muammar al-Ghadhafi zu einer Diskussion eingeladen hatte. Ziegler kehrte vorzeitig zurück, um

Als Kleinkind mit seinen Eltern

an der Beerdigung in Bangerten teilzunehmen. Die Trauergäste staunten, als sie neben dem Sarg einen vom libyschen Revolutionsführer gestifteten Kranz liegen sahen.

Zieglers Vater starb drei Jahre danach. Kurz vor seinem achtzigsten Geburtstag hatte er sich noch mit seinem abtrünnigen Sohn versöhnt. Hans Robert Ziegler war Richter in Interlaken, danach Präsident des Thuner Amtsgerichts und ab 1956 Direktor der Eidgenössischen Militärversicherung. In der Armee stieg er bis zum Artillerieoberst auf. So bekam der kleine Hans seinen Vater, der während des Zweiten Weltkriegs an der Grenze stationiert war, selten zu Gesicht. Erst als er zum Kommandanten der Festung Beatenberg ernannt wurde, war der Papa wieder häufiger zu Hause.

Militärkarrieren haben in der Familie Tradition. Schon Zieglers Großvater war Oberst. Schulkollegen von Jean Ziegler sagen, dass auch er bestimmt die Offizierslaufbahn eingeschlagen hätte, wenn er nicht zu seiner großen Enttäuschung vom Militärdienst dispensiert worden wäre. Als der Armeearzt in Sitten den Artillerierekruten der Batterie 2 nach den ersten zehn Tagen Dienst untersuchte, stellte er einen Schatten auf der Lunge fest. Der Patient musste zu seinem Leidwesen nach Heiligenschwendi zur Kur. Sonst ein Mensch von großem Tatendrang, fühlte sich Hans Ziegler dort wie gelähmt – und langweilte sich fast zu Tode. «Ich kann nicht verstehen, warum ich aus der Armee ausgeschlossen werde», klagte er seinem Freund Markus Krebser. Für den Zwanzigjährigen war die sanitarische Ausmusterung ein Schock – und ein Schlüsselerlebnis, das dazu beitrug, seinem Leben eine neue Richtung zu geben. «Ab diesem Moment begann bei ihm ein Wandlungsprozess», erinnert sich einer seiner damaligen Kollegen, der ihn mehrmals in der Klinik oberhalb des Thunersees besuchte.

Jean Ziegler stellt diese Episode heute etwas anders dar. Er habe in der Rekrutenschule Flugblätter verteilt, wonach er drei Monate in Haft gesetzt und dann ausgemustert worden sei, sagte er vor ein paar Jahren gegenüber dem Nachrichtenmagazin *Der Spiegel*. Aus seiner heutigen Sicht wäre dieser Hergang ein etwas ehrenvollerer Abgang gewesen. Ziegler scheint dabei allerdings ein Erlebnis seines Sohns Dominique in seine eigene Biographie integriert zu haben. Dominique wurde zu Beginn der Rekrutenschule tatsächlich aus disziplinarischen Gründen in die «Kiste» gesteckt.

Bei Jean Ziegler hat dieses völlig neue Gefühl des Ausgeschlossenwerdens viel in Bewegung gesetzt. «Ab diesem Moment hat er begonnen, weltanschaulich eine Metamorphose durchzumachen. Ziegler wurde zu einem entschiedenen Kritiker der Armeehierarchie», meint Markus Krebser. Viele seiner Schulkameraden scheinen ihm diesen Seitenwechsel nie verziehen zu haben. «In Anbetracht seiner Einstellung zum Militär und seiner Erfolge als gestrenger Kadettenoffizier hätte man ihn zum Ehrenoberst ernennen sollen. Jean wäre ein ganz anderer Mensch geworden und hätte sich nicht mit hungernden Kindern in Afrika herumschlagen müssen», schrieb Georges Schild in einem Leserbrief im Berner *Bund* als Reaktion auf die Verleihung des Thun-Preises.

Von seiner Herkunft her wäre Ziegler tatsächlich für eine Offizierslaufbahn geschaffen gewesen. Die Familie wohnte in einem schönen Haus mit einem großen Garten an der Magnoliastrasse 5 in Thun. Das stattliche Heim an einem Hang mit Südsicht war vom Großvater mütterlicherseits finanziert worden, weil ein solcher Lebensstil den Beamtenlohn eines Gerichtspräsidenten gesprengt hätte. Vater Ziegler war als Mittelständler Mitglied der Bauern-, Gewerbe- und Bürgerpartei (BGB), der Vorläuferin der Schweizerischen Volkspartei (SVP). Zieglers Großvater mütterlicherseits war 1918 sogar einer der Gründer der BGB. Er war eng befreundet mit Ruedi Minger, dem legendären früheren Bundesrat, der sich stark für die Verankerung der Armee im Volk einsetzte. Und er war auch befreundet mit dem Dritten im Bund bei dieser Parteigründung, dem Vater des ehemaligen Chefs des Militärdepartements, Bundesrat Rudolf Gnägi. Der Tradition entsprechend politisierte auch Hans Ziegler im Jugendparlament für die damalige Mittelstandspartei. Linke Ideen und Postulate waren ihm damals völlig fremd.

Zieglers Vater wird als eine zurückhaltende, introvertierte und beherrschte Person beschrieben. Er war sehr wortkarg, und wenn er sich äußerte, tat er es langsam und in einem bedächtigen Tonfall. «Mach di Sach», pflegte er seinen pubertierenden Sohn zurechtzuweisen, wenn der sich nicht strikt an die Vorgaben seiner Eltern hielt. Vom Charakter her war Vater Ziegler also das Gegenteil seines überschwenglichen Sprösslings, der sich nie scheute, seine Gefühle offen zu zeigen. Außer zur Arbeit, verließ Vater Ziegler das Haus nur, wenn es unbedingt erforderlich war oder wenn er sich auf eine seiner ausgedehnten Bergtouren begab. In der Ziegler-Villa herrschte damals und für lange Zeit Harmonie. «Wir hatten ein glückliches Familienleben», erinnert sich Zieglers Schwester. Abends saß der Vater auf dem Bettrand der Kinder und las ihnen alte deutsche Balladen vor. In der Familie wurde immer viel gelesen.

In vielen Dingen decken sich die Erinnerungen der beiden Geschwister jedoch nicht ganz. Ihre Jugend scheinen sie ganz unterschiedlich erlebt zu haben. Dass «Housi» den Gerichtsverhandlungen seines Vaters beigewohnt habe, wie er in *Wie herrlich, Schweizer zu sein* schreibt, stimme nicht, sagt seine Schwester. Überhaupt enthalte dieses Buch viele Ungereimtheiten. Es entspreche zwar der Tatsache, dass die Familie Ricarda Huch, die vor den Nazis in die Schweiz geflohen war, gekannt habe. Dass er die deutsche Schriftstellerin zusammen mit seinem Vater fast jeden Sonntag in Aeschi oberhalb des Thunersees besucht habe, entspringe jedoch Jeans blühender Phantasie.

Eine der von ihm erzählten Geschichten wird von Zieglers Gegnern immer wieder gegen ihn ins Feld geführt. Es ist die Erzählung des Zugunglücks in der Nähe von Thun. Als kleiner Bub habe er gesehen, wie während des Zweiten Weltkriegs ein Schneesturm einen Güterzug, der von Deutschland nach Italien unterwegs war, zum Entgleisen gebracht habe. Aus den umgekippten Eisenbahnwagen seien Kanonen und andere Waffen auf die Geleise gefallen. Sofort seien Männer in schwarzen Ledermänteln aus Bern hergereist und hätten das schwere Kriegsgerät mit großen Blachen zugedeckt, um es den neugierigen Blicken der Thuner Bevölkerung zu entziehen.

Für dieses Ereignis lassen sich heute weder Dokumente noch Augenzeugen ausfindig machen. Guido Koller, der Berner Historiker und Sprecher des Bundesarchivs, hält es allerdings für möglich, dass Ziegler hier eine «diffuse Kindheitserinnerung in eine historische Fiktion umwandelt» und sie aufgrund von späteren Erkenntnissen und Gerüchten durcheinandergebracht und schließlich «literarisch inszeniert» habe. Denn 1941 hat sich in Kiesen in der Nähe von Thun tatsächlich ein schweres Zugunglück zugetragen. Allerdings waren es zwei Personenzüge, die frontal zusammenstießen. Das Unglück war damals landesweit ein Gesprächsthema. Koller hält es allerdings für ausgeschlossen, dass die SBB Flugabwehrkanonen und Panzer durch die Schweiz transportierten.

Die Schweiz hat im Gütertransit durch den Gotthard und den Simplon zwar eine wichtige Rolle für Nazi-Deutschland gespielt, das Transitvolumen hatte sich gegenüber den Vorkriegsjahren verdreifacht. Auch «waren die Kontrollen nicht gründlich genug, um die Hypothese derartiger Transporte (von Kriegsmaterial) durch die Schweiz vollständig zu widerlegen – die Schweiz wurde von zahlreichen plombierten Zügen durchquert», schreibt die Unabhängige Expertenkommission Schweiz – Zweiter Weltkrieg in ihrem Bericht. Doch Ziegler hatte hier eine zumindest nicht ganz aus der Luft gegriffene Vermutung mit einem erfundenen Ereignis zu belegen versucht.

Barbara König sagt, es tue ihr jedes Mal weh, wenn man versuche, ihren Bruder mit solchen «Geschichten» fertigzumachen. Als ehemalige FDP-Politikerin, die 1980 als erste Frau den Thuner Stadtrat präsidierte, ist sie politisch ganz und gar nicht auf seiner Linie. Trotzdem hängt sie sehr an ihrem Bruder, und es ärgert die ehemalige Sekundarlehrerin immer, wenn seine Integrität in Zweifel gezogen und er mangels besserer Argumente gar als «Politclown» dargestellt wird, so hatte ihn einmal das Wirtschaftsmagazin *Bilanz* genannt. Es ist die einzige Beleidigung, die Ziegler nie verdaut hat. «Die Ärmsten dieser Welt sind ihm tatsächlich ein wichtiges Anliegen», sagt sie.

Umso mehr hat sie deshalb die Verleihung des Thun-Preises gefreut. Die beiden stehen in regelmäßigem Kontakt, sie hat alle Bücher ihres Bruders gelesen. Als er Anfang der sechziger Jahre im Kongo weilte, wartete sie mit ihrer Heirat bis zu seiner Rückkehr, um ihn am Fest dabei zu haben. Ihr Mann unterhält ebenfalls ein gutes Verhältnis zu seinem Schwager. Hans W. König leitete vor seiner Pensionierung die Firma Gerber Käse und amtierte eine Weile als Präsident der Berner Handelskammer. Derart unterschiedliche Lebenswelten führen in der Familie zwangsläufig immer wieder zu hitzigen Diskussionen. «Eigentlich bin ich ja dein Feind», sagte Hans W. König einmal zu seinem Schwager. «Nein, als KMU-Vertreter bist du im System des Schweizer Kapitalismus nur ein kleiner Fisch», winkte Ziegler sofort lachend ab.

Das Verhältnis zwischen den Geschwistern war allerdings nicht immer so herzlich wie heute. In ihrer Kindheit haben sich Hans Ziegler und seine Schwester Barbara oft gezankt, und manchmal auch handgreiflich. «Ich habe ihn einmal vor Wut die Treppe hinuntergestoßen», erinnert sich Barbara König. Der Grund liege in ihren unterschiedlichen Charakteren, sie sei im Vergleich zu ihrem lebhaften Bruder eher etwas schwerfällig gewesen. Ihm sei hingegen immer fast alles «locker vom Hocker» in den Schoß gefallen. Schon als Kind sei Hans immer voller Tatendrang gewesen. «Er ist jedoch weicher als ich. Er leidet richtiggehend an den Problemen dieser Welt. Während ich die Bodenständige bin, hat er eine ausgeprägt mystische Seite», sagt Barbara König.

An diesen mystischen Charakterzug erinnert sich auch Heinrich Schneider, der mit Ziegler bei den Kadetten war. So hätten sie oft beim Pfarrer oder bei Zieglers zu Hause über religiöse Fragen diskutiert. Bei diesen Diskussionen habe Housi zum Beispiel immer stark beschäftigt, wie man richtig beten sollte, eine Erinnerung, die auch ein anderer seiner Mitschüler hat. Als sie im Progymnasium auf der Schulreise das Kloster Disentis besichtigten, stand der Besuch einer Messe auf dem Programm. Der junge Ziegler sei unter den mehrheitlich protestantischen Schülern als einziger von der Zeremonie tief beeindruckt gewesen.

Zieglers eher weiche Seite fand ihr Gegenstück in einer ausgezeichneten physischen Kondition und einem gewissen Draufgängertum. Einmal fuhr er in einen Stacheldraht, als er mit seinem Freund Manfred Zellweger ins Kiental skifahren ging. Ein anderes Mal stürzte er in Goldiwil oberhalb von Thun derart schwer, dass er mit der Ambulanz ins Spital gefahren werden musste. Der Junge fuhr aber nicht nur gut Ski, er spielte auch ausgezeichnet Tennis und Handball. Nicht nur bei den Schulkollegen, sondern auch bei den Mädchen sei der Housi sehr beliebt gewesen, sodass er bei der Suche nach einer Tanzpartnerin für den Kadettenball immer die Qual der Wahl gehabt habe.

Obwohl der Schüler schon damals eine gewisse rebellische Seite zeigte, war er politisch alles andere als ein linker Flügelstürmer. Zur Mitgliedschaft bei den Kadetten hätte dies ohnehin schlecht gepasst – aber er war schon früh ein kritischer Geist und zeigte viel Selbstbewusstsein. Er scheute sich nicht, geradeheraus zu sagen, was er dachte. Er habe wenig auf seine Eltern gehört, sondern immer versucht, seinen eigenen Weg zu suchen, sagt seine Schwester.

So wollte ihn der Vater entsprechend der Familientradition nach Burgdorf ins Gymnasium schicken. «In eine so langweilige Stadt gehe ich nicht», antwortete der Sohn. So begannen die ersten großen Zusammenstöße mit dem Vater. Allerdings war dieser zu introvertiert, um diese Konflikte tatsächlich auszutragen. Vater Ziegler fraß seinen Kummer und Gram in sich hinein. Da Hans fest darauf bestand, in Bern in die Mittelschule gehen zu dürfen, steckten ihn die Eltern schließlich in das Freie Gymnasium, eine pietistisch orientierte Schule, in der damals viel Wert auf Zucht und Ordnung gelegt wurde.

Der Mädchenschwarm und Dickkopf geriet dort häufig in Auseinandersetzungen mit der Schulleitung. In der von der Evangelischen Gesellschaft betriebenen Schule wurde Aufmüpfigkeit nur schwer toleriert, doch als Klassenprimus konnte sich Ziegler seine Eigenwilligkeit bis zu einem gewissen Grad leisten. Das Fach Mathematik zählte allerdings nie zu seinen Stärken. Als er zusammen mit Martin Josi, der später Direktor der BLS wurde, für eine Prüfung mathematische Formeln büffelte, kam der Schüler plötzlich auf die Idee, das Maturitätszeugnis des Vaters zu suchen. Die Eltern waren abwesend, sie hatten das ganze Haus für sich. Der junge Hans wurde im Schreibtisch seines Vaters fündig und stellte zu seinem Erstaunen fest, dass dieser seinerzeit nur eine Drei in Mathematik hatte. Und trotzdem hatte es der Papa offenbar selbst mit dieser ungenügenden Note noch geschafft, die Matura zu bestehen und schließlich sogar Gerichtspräsident zu werden. Wozu sich da noch Gewissensbisse machen? Die beiden schlossen nach dieser Entdeckung die Bücher, gingen in die Stadt und kauften sich in der Bäckerei Steinmann je eine Crèmeschnitte.

Das Schreiben lag Ziegler viel mehr als Physik und Mathematik. «Er schrieb immer brillante Aufsätze», erinnert sich ein Klassenkamerad, der in der Schule neben ihm saß. Bereits als Mittelschüler verfasste er für den «Münsinger Sturm», wie das *Emmentaler Tagblatt* genannt wurde – und nicht etwa für die sozialdemokratische *Tagwacht!* – Artikel, und zwar mit prononciert bürgerlichem Einschlag. Mit seinem ersten verdienten Geld lud er seine Schwester auf eine Reise nach Venedig ein. Auch dort sei er dauernd beschäftigt gewesen und habe in einem der Cafés auf der Piazza San Marco etwas geschrieben oder gelesen, erinnert sich Barbara König. Wenn ihr die Warterei zu langweilig geworden sei, habe sie auf eigene Faust ausgedehnte Spaziergänge die Kanäle entlang unternommen.

Ein anderes Mal fuhr Ziegler mit seinem Freund Markus Krebser mit dem Velo an die ligurische Küste nach Portofino. Die beiden spielten fast jeden Tag vor dem Zelt Schach und philosophierten über Gott und die Welt. Dem achtzehnjährigen Burschen gelang es, einen Fischer dazu zu überzeugen, die beiden mit aufs Meer hinauszunehmen. Doch kaum waren sie auf See, wurde Housi seekrank. Schlotternd und mit schneeweißem Gesicht musste er sich in den Schiffsbug legen. Sein zwei Jahre jüngerer Freund deckte ihn liebevoll

Housi Ziegler seekrank im Schiffsbug liegend

mit einer Decke zu. Solche Erlebnisse verbinden fürs Leben. Krebser beschreibt sich heute zwar als politisch der FDP nahestehend, für seinen ganz links stehenden Freund hegt er jedoch immer noch große Bewunderung. Er legt die Zeitungsartikel, die über ihn erscheinen, sowie die Korrespondenz, die er mit ihm führt, ordentlich in einem Mäppchen ab.

Die Suche nach einem neuen Weltbild
Vom Couleurstudenten zum Vorläufer
der Achtundsechziger

Während Markus Krebser immer noch als Sponsor zum Thuner Kadettencorps hält, ist Ziegler seine damalige Mitgliedschaft heute fast etwas peinlich. Es gibt eine weitere Mitgliedschaft, an die er nicht gern erinnert wird. Housi Ziegler war nicht nur Kadettenhauptmann, er war aktiver Couleurstudent in der Studentenverbindung Zofingia. Wie er dort zu seinem Übernamen «Carron» gekommen ist, weiß heute keiner der befragten Altherren mehr. In Schottland gibt es einen Fluss dieses Namens. Auch bei Hans, der sich schon bald Jean nennen sollte, war damals fast alles im Fluss – vielleicht hat er deshalb als Fuxe diesen Spitznamen erhalten. Jedenfalls lässt sich die Entwicklung vom bürgerlich denkenden Studenten zum kritischen «Contestataire» anhand der Artikel, die Ziegler damals für das Verbandsorgan *Centralblatt* schrieb, sehr gut zurückverfolgen.

Als er nach Abschluss der Matura als junger Student der Zofingia beitrat, folgte er damit noch ganz der Familientradition. Schon sein Vater war während seines Jus-Studiums an der Universität Bern Mitglied des ältesten Studentenvereins der Schweiz gewesen. Als Bernburger ist Ziegler übrigens auch Mitglied einer der vierzehn burgerlichen Zünfte, nämlich der Gesellschaft zu Schuhmachern. Diese Mitgliedschaft gilt auf Lebenszeit. Zu den Zusammenkünften sei Ziegler jedoch nie erschienen, sagen aktive Zünfter.

Jean Ziegler hat seine Zeit als Zofinger wie eine unbequeme

Last aus den Erinnerungen gekippt. In *Wie herrlich, Schweizer zu sein* schreibt er, er sei nach der Matur direkt nach Paris gereist. Tatsächlich wurden später in der französischen Hauptstadt die Weichen für sein weiteres Leben gestellt. Trotzdem entspricht seine Darstellung nicht ganz den Tatsachen. Ziegler hat zunächst in der Schweiz die Rechte studiert und hier promoviert. Bei der Studienwahl orientierte er sich ebenfalls ganz an der Familientradition, auch wenn seine Interessen weit über sein Fach hinausreichten. Der stets Ruhelose ist in den Semesterferien sehr viel in der Welt herumgereist, was im Gegensatz zu heute damals noch recht ungewöhnlich war. Soziologie begann er erst viel später in Paris zu studieren.

In der Psychologie nennt man die Verdrängung oder Umwandlung von Erinnerungen und Erlebnissen, die nicht ins eigene Selbstbild passen, «false memories». Auch bei Ziegler sind solche falschen Erinnerungen festzustellen. Als er zum Beispiel 2006 vom Boulevardblatt *Blick* auf die Mitgliedschaft bei der «konservativ-bürgerlichen Studentenverbindung» angesprochen wurde, antwortete er: «Nur für ein Jahr. Es war ein Versuch der Reintegration. Ich hatte ein schlechtes Gewissen. Sonst habe ich keine Erinnerung an diese Zeit.» Bei einer anderen Gelegenheit verglich er seine damalige Mitgliedschaft mit einer «Ehe, bei der man lange nicht genügend Kraft findet, sich aus deren Umklammerung zu befreien».

Doch Zieglers Mitgliedschaft bei der Zofingia war weit mehr als nur ein kurzes Gastspiel. Er war von 1953 bis 1956 aktiver Farbenstudent, wie Paul Ehinger, Alt-Zofinger und Mitbegründer der Vereinigung für Studentengeschichte bei Recherchen im Vereinsarchiv festgestellt hat. Im Sommersemester 1954/55 war Ziegler im Mitgliederverzeichnis sowohl unter Genf als auch unter Bern aufgeführt, da er gleichzeitig an beiden Universitäten eingeschrieben war. In Genf wohnte er im Studentenheim an der Rue Daniel Colladon.

Das Verhältnis zwischen Ziegler und dieser Studentenverbindung war allerdings immer ambivalent. Einerseits wird der international bekannte Altherr heute auf der Website der Zofingia neben dem Eisenbahnpionier Alfred Escher, General Henri Guisan, Jeremias Gotthelf, dem Theologen Karl Barth unter den vielen prominenten Zofingern aufgeführt, und zwar obwohl einmal ein Ausschlussverfahren gegen ihn angestrengt worden war – ein in der Zofingia recht ungewöhnlicher Vorgang. Davor war es erst zweimal zu einer solch drastischen Maßnahme gekommen. Mitte der fünfziger Jahre sollte André Bonnard, Professor für griechische Literatur an der Universität Lausanne, unter anderem wegen seiner kommunistisch-pazifistischen Sympathien und seiner Verurteilung durch das Bundesgericht wegen verbotenen nachrichtendienstlichen Tätigkeiten aus dem Verein ausschließen. Die Ausschlussbemühungen scheiterten jedoch am Widerstand der Waadtländersektion. Ziegler hatte seinerzeit selber im *Centralblatt* über diesen Fall berichtet. Zwei Jahre später kam es zum Ausschluss von André Corswant, der der Partei der Arbeit in führender Stellung angehörte.

Bei Jean Ziegler hatten die Befürworter eines Ausschlusses Anfang der Achtziger allerdings kaum stichhaltige Argumente parat. Ehinger beschreibt in seiner Verbandsgeschichte, wie es zu dem Verfahren kam. «Durch diverse Aussagen im Nationalrat … und vor allem mit der Publikation des Pamphlets *Une Suisse au-dessus de tout soupçon* hatte [Ziegler] sich eindeutig gegen die Devise ‹Patria› gestellt, hatte er doch die Schweiz in einer Art kritisiert, die nicht nur nicht über jeden Zweifel erhaben war, sondern geradezu einer Nestbeschmutzung der besonders perfiden Art gleichkam. Doch auch in diesem Fall weigerte sich die Sektion Genf mit 10:1 Stimmen, ihr Mitglied auszustoßen.» So war denn Carron am Centralfest 1994 immer noch mit von der Partie. Junge Genfer Aktive hätten ihm jedoch bei dieser Gelegenheit die Mütze entwendet, um ihren Unmut gegen seine Anwesenheit kundzutun, heißt es. Im Mitgliederverzeichnis des Gesamtverbands ist Ziegler letztmals 1997 aufgeführt. Danach wurde er aus der Liste gestrichen, weil er die Beiträge nicht mehr bezahlte.

Zu Beginn muss Ziegler in der Verbindung einen recht großen Rückhalt genossen haben. Die Berner Zofinger wollten ihn gar einmal als Kandidat für die Wahl des Zentralpräsidenten vorschlagen. Peter Sager, der spätere Gründer des Ost-Instituts, der während des Kalten Kriegs nicht nur gegen den Sowjetkommunismus, sondern allgemein gegen alles kämpfte, was von links kam, vereitelte die Nominierung. Er machte gegen Ziegler Stimmung, weil er erfahren hatte, dass dieser eine Reise nach Moskau zu unternehmen beabsichtige. Sager sah schon als Student in der «linken Unterwanderung der Schweiz», wie er es nannte, eine große Gefahr. Umgekehrt bewies Ziegler gegenüber Sager weit mehr Toleranz. Einmal schrieb er im Vereinsblatt einen Bericht über einen «interessanten Vortrag», den Sager über die sowjetrussische Außenhandelspolitik gehalten hatte. Ziegler scheint von den Ausführungen damals sehr beeindruckt gewesen zu sein, wie aus dem Beitrag herauszulesen ist.

Zieglers Denkweise war jedenfalls für seine bürgerlich denkenden Kommilitonen sehr unkonventionell, und das scheint viele von ihnen verunsichert zu haben. «Carron war immer eine sehr offene und äußerst interessante Person, aber irgendwie war er uns doch etwas suspekt», sagt ein Alt-Zofinger. Nicht dass Ziegler schon in den ersten Studiensemestern als Linker aufgefallen wäre, doch er hatte die Tendenz, vieles in Frage zu stellen, was die meisten seiner Mitstudenten als gegeben hinnahmen. Er war nicht einfach ein Durchschnittsstudent, der vor allem gute Noten und Karriere im Sinn hatte.

Ziegler hielt mit seiner Meinung nie hinterm Berg. 1955 schrieb er im *Centralblatt* einen Artikel über ein europäisches Kulturzentrum in Genf. Der Jus-Student hatte die Gelegenheit erhalten, zusammen mit 450 Studenten aus 49 Ländern während vier Wochen der Session der Internationalen Akademie für internationales Recht in Den Haag beizuwohnen. Das war für ihn eine neue Erfahrung. In seinem Bericht hob er voller Begeisterung die friedensfördernde Bedeutung des gedanklichen und kulturellen Austauschs zwischen den Menschen innerhalb Europas hervor. Seine Gedanken waren alles andere als revolutionär, doch in den Nachkriegsjahren waren sie in der weiterhin im Reduitdenken verhafteten Schweiz nicht üblich. Den Europäischen Gemeinschaften, den Vorläuferorganisationen der heutigen EU, stand die Bevölkerungsmehrheit des kriegsverschonten Lands sehr skeptisch gegenüber.

Im Jahr 1956 übersiedelte Ziegler nach Paris und begann an der Universität Sorbonne neben der Rechtswissenschaft auch Soziologie zu studieren. Damit begann sich etwas in ihm zu verändern. Zusammen mit einem Freund besuchte er die Gemeinschaft Emmaus in der Pariser Vorstadt Neuilly-Plaisance. Dieser Besuch wurde für ihn zu einem weiteren Schlüsselerlebnis. Er hatte bei der Préfecture nachgefragt, wie und wo er mit dem katholischen Priester Abbé Pierre, der diese Wohltätigkeitsorganisation aufgebaut hatte, in Kontakt treten könne. Es blieb nicht bei einem kurzen Besuch; die beiden Freunde verbrachten schließlich zwei Wochen bei Emmaus. Ziegler leistete später bei dieser Organisation noch mehrere Arbeitseinsätze, woraus sich mit Abbé Pierre eine

Freundschaft entwickelte. Der Abbé, Sohn eines reichen Seidenfabrikanten, hatte sein ganzes ererbtes Vermögen dieser Wohltätigkeitsorganisation zur Verfügung gestellt.

Nach der Rückkehr in die Schweiz schrieb Ziegler einen Bericht über die Arbeit dieses in ganz Frankreich beliebten Kämpfers für die Benachteiligten. Darin wird spürbar, wie Ziegler die sozialen Probleme und die Armut, mit der er in der französischen Großstadt erstmals richtig konfrontiert wurde, immer mehr zu beschäftigen beginnen. Für den aus der heilen Kleinstadt stammenden jungen Studenten war es eine grundlegend neue Erfahrung. Ziegler beschreibt, wie in der Barackensiedlung von Neuilly-Plaisance dank Abbé Pierre fünf Dutzend Clochards ein bescheidenes Dach über dem Kopf erhalten haben. Die Emmausbewegung sei daran, sich auf allen Kontinenten auszubreiten und werde zu einer «Hoffnung für Millionen von Unglücklichen auf der ganzen Welt ... Jeden Tag können auf der Erde rund 1,5 Milliarden Menschen ihren Hunger nicht stillen. Jeden Tag und jede Nacht hausen nach Angaben der Vereinten Nationen zwei Drittel der gesamten Erdbevölkerung in Unterkünften, die eines Menschen unwürdig sind.» Dieser Satz könnte fast wörtlich aus einem heutigen Interview mit Ziegler stammen. Hier kritisierte er erstmals in klaren Worten den menschlichen Egoismus und die soziale Ungerechtigkeit.

Ab diesem Zeitpunkt begann Ziegler das materielle Elend, unter dem viele Menschen auf der Welt zu leiden haben, als ein grundlegend politisches Problem zu sehen. Er sah es jedoch noch aus der Optik der westlichen Industrieländer, ganz im Kontext des zwischen den USA und der Sowjetunion gärenden Ost-West-Konflikts. Ziegler machte sich große Sorgen, dass die Sowjetunion am Ende vom Versäumnis des Westens, die soziale Frage zu lösen, profitieren könnte. «Wird die freie Welt imstande sein, diesen Millionen und Millionen leidenden Menschen wirksame Hilfe und die Möglichkeit einer menschenwürdigen Existenz zu bringen? Oder werden diese Menschen ihre Hoffnung auf den totalitären Zwangs-kollektivismus des Kommunismus werfen?» Mit dieser Ein-schätzung, die er gleichzeitig als Warnung formulierte, fiel er in der Zofingia absolut nicht aus dem Rahmen. Die französi-sche Zusammenfassung seines Berichts im *Centralblatt* war jedenfalls in einem sehr wohlwollenden Ton gehalten. Car-ron zwinge hier jeden Leser, sein eigenes Gewissen zu über-prüfen, so der kurze Kommentar.

Ziegler unternahm in der Folge häufiger ausgedehnte Reisen auch in außereuropäische Länder. Sein ein Jahr spä-ter erschienener Bericht aus Israel stand ebenfalls ganz un-ter dem Eindruck des Kalten Kriegs. In diesem Land sei ein neuer «Alliierter der noch freien Welt» entstanden, schrieb er im Zofinger Blatt. Den Konflikt zwischen den eingewan-derten Juden und den ansässigen Palästinensern beschrieb Ziegler noch in sehr einseitiger Weise aus israelischer Sicht. Mit Ausnahme des Massakers von Deir Yassin hätten sich «die Juden gegenüber der arabischen Zivilbevölkerung nichts zu Schulden kommen lassen». Was Ziegler in Israel vor allem beeindruckte, war die Aufbruchstimmung und die Tatsache, dass die Jugend in dem sich im Aufbau befind-lichen jüdischen Staat einen wichtigen Platz einnahm. Er sei in Jerusalem achtundzwanzigjährigen Direktoren begegnet, schrieb er später in einem Zeitungsartikel. Israel werde weitgehend von der Jugend regiert, während in der Schweiz «Wirtschaft und Politik von einer Gerontokratie beherrscht und nach dem Anciennitätsprinzip dominiert» sei.

Als Ziegler 1957 auf einer Reise in den Nahen Osten Zwi-schenstation auf Zypern machte, begann sich der junge Weltenbummler der Problematik der Fremdherrschaft, un-ter der viele Völker zu leiden hatten, immer mehr bewusst zu

werden. Zypern war nach dem Ersten Weltkrieg von Großbritannien annektiert worden. In einem diesmal in französischer Sprache geschriebenen, aber immer noch mit «Hans
Ziegler» gezeichneten Bericht beschreibt er erstmals die «Absurdität und Anachronismus des Kolonialsystems». Auf seine
Standardfrage, die er auf der Insel jedem seiner britischen
Interviewpartnern stellte, ob es denn nicht unmoralisch sei,
dem zypriotischen Volk das Selbstbestimmungsrecht zu ver-
weigern, erhielt er überall dieselbe, ungeschminkt zynische
Antwort: Politik und Moral seien eben zwei verschiedene
Dinge. Großbritannien müsse Zypern unbedingt unter Kontrolle halten, andernfalls verliere es im Nahen Osten langsam,
aber sicher an Einfluss. Ziegler versah diesen Satz kommen-
tarlos mit einem Ausrufezeichen.

Nun begann sich der Dreiundzwanzigjährige neben seinem Studium immer öfter als Journalist zu betätigen. 1957
weilte er drei Monate in Algerien und berichtete über den
dortigen Kolonialkrieg. Bei seinen Recherchen hatte er nicht
nur Kontakt zu Vertretern der französischen Besatzungs-
macht, sondern auch zum Front de Libération National
(FLN), der Unabhängigkeitsbewegung, die gegen die Franzosen kämpfte. Nach seiner Rückkehr in die Schweiz erhielt
Ziegler durch einen bei der *Weltwoche* arbeitenden Couleur-
bruder Zugang zu den Spalten dieser Wochenzeitung.

Im selben Jahr schickt er der Redaktion in Zürich noch
einen weiteren Artikel, in dem er die Situation der Schweizer Jugend mit derjenigen Algeriens verglich. In dem Beitrag
gibt er eine große Sympathie für die junge Generation Nordafrikas und deren Kampf für die Befreiung von der Fremdherrschaft der Franzosen zu erkennen. Seinem Artikel legte
Ziegler einen an den verantwortlichen Redaktor und Alt-Zofinger gerichteten Begleitbrief bei («Lieber Spitz», gezeichnet
«Hans Ziegler/Carron»), indem er ihn bat, den Kommentar

mit seinem vollen Namen zeichnen zu dürfen. Der Text sei zwar etwas polemisch formuliert, räumte er ein, doch stehe er voll zu seinem Inhalt. Die Stoßrichtung war tatsächlich sehr kritisch: Die Schweizer Jugend sei heute wohlgenährt und bequem, monierte Ziegler. «Fragen Sie einen durchschnittlichen schweizerischen Zwanzigjährigen nach seinem Lebensziel, und sie werden die in sektiererischem Ernst vorgetragene Standardantwort erhalten: ‹Rasch die Lehre beenden und dann möglichst schnell und gut verdienen.›» Das ist es, was den vielgereisten Berner Studenten an den zu Hause gebliebenen Stubenhockern zunehmend nervte. «Die Assimilationskraft des satten und unbestreitbar langweiligen schweizerischen Alltags ist ungeheuer», so sein Fazit.

Zieglers Kritik richtete sich nun immer mehr auch auf die politischen Verhältnisse in der Schweiz. Er hatte mit seinen Gedanken in vieler Hinsicht die Gesellschaftskritik vorweggenommen, die die Achtundsechziger zehn Jahre später auf die Barrikaden trieb. Durch viele Kontakte mit jungen Leuten aus Entwicklungsländern, die er in Genf und Paris kennengelernt hatte, begann er seine Heimat nun mit viel kritischeren Augen zu sehen. In den Diskussionen mit Marokkanern, Tunesiern und vor allem Algeriern, die wegen des in ihrer Heimat wütenden Unabhängigkeitskriegs in die Westschweiz zum Studium kamen, lernte er eine völlig neue Optik kennen. Dies schlug sich alsbald auch in seiner journalistischen Tätigkeit nieder. So beanstandet der junge Student etwa unter dem Titel «Die Schweiz formt Afrikas neue Eliten», dass die Gastfreundschaft der hiesigen Behörden und der Zimmervermieter stark zu wünschen übrig lasse. Er ortete in der Schweiz eine latente Fremdenfeindlichkeit.

1958 schloss Ziegler nach mehreren Auslandsemestern in Paris sein Rechtsstudium an der Universität Bern mit dem Doktorat ab. *Das Versicherungs- und Solidaritätsprinzip im*

Leistungssystem der französischen und der schweizerischen Alters- und Hinterlassenenversicherung hieß der Titel seiner bei Professor W. Koenig eingereichten Dissertation. Man kann sich nur schwer vorstellen, dass Ziegler für dieses trockene Thema wirklich eine Passion entwickelt haben soll. Aus dem Inhalt der Doktorarbeit lässt sich vielmehr vermuten, dass sein Interesse an der Soziologie zu diesem Zeitpunkt bereits viel größer war als für die Jurisprudenz.

Für eine an der juristischen Fakultät eingereichte Dissertation war der Inhalt ungewöhnlich. Dies wird schon im Vorwort klar: «Der Großteil der abendländischen Menschen verfügt über sehr viel theoretische Freiheit, ist aber aus wirtschaftlichen Gründen nicht in der Lage, diese tatsächlich auszuüben. Der gewaltige Promotor der sozialen Revolution ist demnach das individuelle Gefühl der Ungerechtigkeit der eigenen sozialen Lage.» Mit diesen zwei Sätzen, das lässt sich gefahrlos behaupten, gab sich Ziegler erstmals als Marxist zu erkennen. Er glaubte nun im Klassenbewusstsein der Lohnabhängigen die Antriebskraft für die gesellschaftliche Veränderung zu erkennen. Im Literaturverzeichnis sind übrigens nicht nur Sozialversicherungsspezialisten und Versicherungsjuristen aufgeführt, wie es in einer an der juristischen Fakultät eingereichten Dissertation zu erwarten gewesen wäre, sondern neben Abbé Pierre auch der Soziologe Emile Durkheim und Karl Marx.

Während seines Studienaufenthalts in Paris hatte Ziegler die beiden Philosophen Jean-Paul Sartre und Simone de Beauvoir kennengelernt. «Sartre hat mir die Augen geöffnet», sagte Ziegler einmal. Für die sozialen Probleme war er durch die Bekanntschaft mit Abbé Pierre sensibilisiert worden, nun fand er in der Philosophie von Sartre theoretische Antworten auf die sozialen Probleme, die ihn immer stärker beschäftigten. Sartre war sehr stark vom Marxismus beeinflusst, wobei er als Existentialist den von den Marxisten vertretenen Determinismus in der gesellschaftlichen Entwicklung ablehnte und den freien Willen des Menschen betonte. Der Mensch sei «dazu verdammt, frei zu sein», schrieb er in seinem Hauptwerk *Das Sein und das Nichts*.

So ist auch für Ziegler der Kampf für die Armen und Unterprivilegierten in erster Linie ein moralischer Imperativ. «Der Existentialismus ist die Philosophie der absoluten Selbstverantwortung», sagt Ziegler. Diese Haltung sah er damals in der Person des Jesuiten Michel Riquet verkörpert. Riquet hatte während der Besatzung Frankreichs mehrere Hundert britischer und amerikanischer Piloten vor den Nazis gerettet und das Konzentrationslager Mauthausen überlebt. Nach dem Sieg der Alliierten predigte er in der Kirche Notre Dame in Paris und engagierte sich während des Algerienkrieges gegen den Rassismus, dem die maghrebinischen Gastarbeiter ausgesetzt waren. Ziegler war derart beeindruckt von dieser Persönlichkeit, dass er vom Protestantismus zum Katholizismus konvertierte. Von nun an besuchte er praktisch jeden Sonntag die Messe.

Ziegler hegte seit jeher eine große Skepsis und Abneigung gegen Institutionen und Organisationen. Trotzdem trat er in Paris nicht nur der katholischen Kirche, sondern gleichzeitig auch der kommunistischen Studentenorganisation Clarté bei. In diesem allerdings recht losen Zirkel, auf den Sartre einen großen Einfluss ausübte, wurde viel von Marx, Rosa Luxemburg und Georg Lukács gelesen und diskutiert. Die Gruppe war auch politisch aktiv und sammelte Geld für den Befreiungskampf der Algerier. Jeden Donnerstagnachmittag trafen sich die Genossen und Genossinnen der Clarté bei Sartre in dessen Wohnung im Eckhaus der Rue Bonaparte 42 im vierten Stock zu politischen und philosophischen Diskussionen. Sartre wohnte dort bei seiner zum zweiten Mal verwitweten Mutter, Annemary Mancy, einer Nichte von Albert Schweitzer. Auf einer Kommode stand eine Vase, in der immer einige Geldscheine lagen. Wer den letzten Franc ausgeben hatte und nicht wusste, wie er sein Nachtessen bestreiten konnte, durfte sich dort bedienen.

Die Clarté wurde schließlich wegen ihrer Unterstützung des algerischen Widerstands auf Betreiben der Kommunistischen Partei Frankreichs aufgelöst. Ziegler und mit ihm auch Alain Krivine, später ein bekannter trotzkistischer Studentenführer im Mai 68, wurden aus der Partei ausgeschlossen. Die Kommunisten sahen in der antikolonialen Befreiungsbewegung einen kleinbürgerlichen Aufstand und stimmten für die Militärkredite der Regierung Mollet. Der Sozialist François Mitterrand war damals Justizminister. «Es war furchtbar, dieser Sozialist unterzeichnete ein Todesurteil nach dem anderen», erinnert sich Ziegler. Als die Schweizer Linke sich 1981 darüber freute, dass Mitterrand zum Staatspräsidenten gewählt wurde, teilte Ziegler deshalb diese Begeisterung nicht. Im Gegenteil: Er schrieb das Buch *Vive le pouvoir! Ou les délices de la raison d'Etat* (Es lebe die Macht! Oder der Reiz der Staatsraison), in dem er sich sehr kritisch mit dem sozialistischen Staatsoberhaupt auseinandersetzte.

In den Nachkriegsjahren lebten rund drei Millionen Algerier als Fremdarbeiter in Frankreich. Der FLN gewann unter ihnen immer mehr Einfluss. Die Stadt Genf als Teil der neutralen Schweiz wurde damals zu einer wichtigen Drehscheibe und zu einem Rückzugsraum für den FLN. Ziegler betätigte sich mit seinem Schweizer Pass im Auftrag befreundeter Algerier mehrmals als Geldkurier. Einige Male habe er den roten Pass «verloren», will heißen: ihn bei seinen Freunden des FLN verschwinden lassen, damit diese ihn für ihre verdeckten Aktivitäten benutzen konnten. Bei der Schweizer Botschaft an der Rue Grenelle, ein Steinwurf von seinem Pariser Wohnort entfernt, habe er aber immer anstandslos ein neues Ausweispapier erhalten, erinnert sich Ziegler.

Nach der Auflösung der Clarté fühlte sich Ziegler etwas heimatlos. Doch er wusste nun, wie er sein künftiges Leben gestalten wollte. In Paris hatte er den endgültigen Bruch mit seiner bürgerlichen Vergangenheit vollzogen. Er war nun ein dreifacher Konvertit, er hatte sich vom Deutschschweizer zum frankophilen Kosmopoliten, vom Protestanten zum Katholiken und vom Bürgerlichen zum Linken gewandelt. Trotzdem arbeitete er anschließend aus finanziellen Gründen, wenn auch widerwillig, während kurzer Zeit in Genf als Anwalt. Er hatte sich bereits während des Studiums einmal als Praktikant in einer Genfer Anwaltskanzlei – wie er es empfand – die Hände schmutzig machen müssen. Er hatte dort den Kunden IOS, der später im Zusammenhang mit dem Bankrotteur Bernie Kornfeld negativ in die Schlagzeilen geriet, zu betreuen.

Wie ungern sich Ziegler an diese Zeit als junger Jurist erinnert, illustriert eine Anekdote, die sein langjähriger Assistent am Soziologischen Institut der Universität Genf, Raoul Ouedraogo, erzählt. Eines Tages kam Ziegler in dessen Büro und bat ihn etwas zögernd um einen Gefallen. Ob es ihm nichts ausmachen würde, rasch mit einem Brief ins nahe gelegene Gerichtsgebäude zu gehen. Er solle dort kurz warten, der Beamte werde ihm dann etwas für ihn mitgeben. Auch wenn dies nichts mit seinem Pflichtenheft als Uni-Assistent zu tun hatte, sah Ouedraogo keinen Grund, die Bitte auszuschlagen. Er staunte dann nicht schlecht, als ihm der Justizbeamte nach kurzem Warten eine sauber gefaltete schwarze Anwaltsrobe mitgab. Zuerst war er etwas perplex und verstand nicht, was es mit diesem Botengang auf sich hatte. Erst im Nachhinein wurde ihm klar, dass Ziegler einfach nichts mehr mit dieser Episode seines Lebens zu tun haben wollte. «Er versteht sich heute nicht mehr als Rechtsvertreter von einzelnen Individuen, die für ihre persönlichen Interessen kämpfen, sondern als Anwalt der Armen und Unterdrückten», sagt Ouedraogo. Ziegler hat mit diesem Kapitel seines Lebens definitiv abgeschlossen. Er ist in Genf jedoch immer noch als Anwalt registriert und könnte auch heute noch jederzeit vor Gericht plädieren.

Bereits während eines Praktikums beim Generalsekretär der Internationalen Juristenkommission, Sean McBride, habe sein Interesse an der Jurisprudenz nachgelassen, sagte Ziegler 1965 gegenüber dem *Feuille d'avis de Lausanne* – obwohl er mit McBride, der später den Friedensnobelpreis erhalten sollte, eine enge Freundschaft pflegte. Er sei sich bewusst geworden, dass gerade in den Entwicklungsländern nicht in erster Linie die Normen an sich ausschlaggebend seien, sondern der gesellschaftliche Kontext, in dem diese Normen entstünden. Aus dieser Einsicht heraus sei seine Passion für die Soziologie entstanden.

Lehr- und Wanderjahre
Zwei Schlüsselerlebnisse

Obwohl er gegenüber der freien Marktwirtschaft äußerst kritisch eingestellt war, setzte Ziegler Ende der fünfziger Jahre sein in Paris begonnenes Soziologiestudium ausgerechnet in den USA fort, dem Musterland des Kapitalismus. Er schrieb sich an der Columbia University in New York ein und arbeitete daneben als Werkstudent, unter anderem beim Börsenhaus der drei Schweizer Großbanken, der Swiss American Corporation. Am Hudson River traf er wieder auf seinen besten Freund, den Kunsthistoriker George L. Mauner, den er in Genf im Studentenwohnheim als Zimmernachbarn hatte. Ziegler fand am Riverdrive 311 als Untermieter von Elie Wiesel Unterschlupf. Wiesel arbeitete damals als Uno-Korrespondent für die israelische Zeitung *Jediot Ahronot*. Er brauchte Geld, weshalb er eins der drei Zimmer seiner kleinen Wohnung an den Schweizer Studenten vermietete. Zwischen Ziegler und dem Auschwitz-Überlebenden, der 1986 als Schriftsteller den Friedensnobelpreis erhalten sollte, entwickelte sich in dieser Zeit eine enge Freundschaft, die bis heute Bestand hat, obwohl die beiden in der Frage der israelischen Politik gegenüber den Palästinensern überhaupt nicht mehr miteinander einverstanden sind.

Zwar war Ziegler in New York durch seine vielen Kontakte gesellschaftlich gut eingebettet, trotzdem zog es ihn schon bald wieder zurück auf den alten Kontinent. So schrieb er 1959 rund hundert Bewerbungen an international tätige amerikanische Firmen, unter anderem an die Konzerne Pepsi Cola und die Standard Fruit and Steamship Company, um eine Stelle in Europa zu erhalten. Zudem bot Ziegler verschiedenen amerikanischen Zeitungen und Nachrichtenagenturen seine Dienste als Europakorrespondent an. Er erhielt nur Absagen. Es ist erstaunlich, dass Ziegler alle diese Briefe ein halbes Jahrhundert lang aufbewahrt hat. Sie sind heute im Bundesarchiv in Bern fein säuberlich in einem gelben Mäppchen abgelegt.

Schließlich erhielt er während seiner Reise über Kuba und Haiti zurück in die Schweiz doch noch einen Auftrag. Er wurde erster Korrespondent der kubanischen Presseagentur Prensa Latina für die Berichterstattung aus Europa. Diese Nachrichtenagentur war unmittelbar nach der kubanischen Revolution unter anderem vom späteren kolumbianischen Literaturnobelpreisträger Gabriel García Marquez gegründet worden. In Kuba hatte Fidel Castro mit einer Guerillaarmee gerade erst die Macht übernommen. Castros rhetorische Fähigkeiten und dessen Charisma beeindruckten Ziegler stark. Im Gegensatz zu seinem Bruder Raul war Fidel Castro damals noch kein Kommunist. Ihm ging es in erster Linie um den Sturz des Diktators Fulgencio Batista, die Beschneidung des wirtschaftlichen und politischen Einflusses der USA sowie um die Durchführung einer Landreform zugunsten der Kleinbauern.

Der Revolutionär aus bürgerlichem Hause entpuppte sich schon damals als gewiefter Volkstribun. «Fidel Castro regiert durchs Fernsehen», schrieb Ziegler in einem *Weltwoche*-Artikel, in dem er seine Erlebnisse auf der Karibikinsel festhielt. «Meine erste Castro-Schau war diejenige in der Nacht vom 14. auf den 15. August, als der Regierungschef nach vier Tagen mysteriöser Abwesenheit urbi et orbi seinen Sieg über die Konterrevolution von Trinidad verkündete – und ich klebte während sechs vollen Stunden an meinem Stuhl, fasziniert wie die Maus vor der Schlange.»

In dieser Zeit des revolutionären Umbruchs ging es bei den neuen Machthabern in Havanna noch recht informell zu und her. Castro richtete in der Suite 2324 im Hotel Hilton, dem damals größten Hotel Lateinamerikas, sein Hauptquartier ein. Die bärtigen Revolutionäre kamen jeweils nach unten in den Esssaal im Erdgeschoss, um ihre Mahlzeiten einzunehmen und um Journalisten zu treffen. In diesem inzwischen verstaatlichten Hotel, das heute Habana Libre heißt, lernte Ziegler Che Guevara und seinen Leutnant Luis Alberto Lavandeyra kennen. Dieser machte Ziegler später mit Régis Debray bekannt, der Guevara einige Jahre später nach Bolivien begleitete.

Ziegler hatte sich bei Che Guevara als Journalist vorgestellt, der im Auftrag von Schweizer Zeitungen eine Reportage über die Revolution in Kuba schreiben wolle. Er konnte damals noch nicht ahnen, dass der Guerillero mit dem Beret bald zum Idol einer ganzen Jugendbewegung werden sollte, die sein Bild auf Demonstrationen in Paris und Berlin, aber auch in Zürich und Bern vor sich her trug. Ziegler hat das vom weltberühmten Schweizer Fotograf René Burri geschossene legendäre Bild noch heute in seinem Büro hängen. Che wurde derart bekannt, dass die amerikanische Zeitschrift *Time* ihn 1999 zu den hundert einflussreichsten Persönlichkeiten des 20. Jahrhunderts rechnete.

Als der aus Argentinien stammende Kampfgefährte Fidel Castros einige Zeit später als Industrieminister Kubas zur ersten Unctad-Zuckerkonferenz nach Genf kam, hatte Ziegler erneut die Gelegenheit, ihn zu treffen. Den Kubanern fehlte es kurz nach dem Machtwechsel am Schweizer Uno-Sitz an Botschaftspersonal. Beim Besuch der kubanischen Delegation lief alles drunter und drüber. Die Kubaner wohnten im achten Stock des Hotels Intercontinental, alle im gleichen mit Zigarrenrauch geschwängerten Zimmer, und schliefen dort in Hängematten. Von einigen in Genf wohnhaften Sympathisanten der kubanischen Revolution erhielten sie eine gewisse rudimentäre logistische Unterstützung. So kam es, dass Ziegler als einer dieser freiwilligen Helfer Che ein paar Tage lang in seinem schwarzen Morris Mini in Genf herumchauffierte. Am letzten Tag vor der Abreise der Delegation nach Prag und von dort nach Havanna zurück habe er seinen ganzen Mut zusammengenommen, erzählt Ziegler. Er habe dem Che gesagt, er wolle mit ihm nach Kuba kommen. Doch der Guerillaführer habe ihn im Hotel Intercontinental kopfschüttelnd zum Fenster geführt, auf die Stadt Genf gezeigt und in eiskaltem Ton zu ihm gesagt: «Hier bist du geboren, da ist das Gehirn des Monsters. Hier musst du kämpfen!» Diese Abweisung habe ihn damals tief verletzt.

Für Ziegler sei diese Begegnung ein Schlüsselerlebnis gewesen, erinnert sich seine damalige Freundin Wédad, die er 1965 heiratete. Er sei von Che derart fasziniert gewesen, dass er sie völlig vergessen und die ganze Nacht lang im Ungewissen gelassen habe, wo er steckte. «Ich war damals kurz davor, die Polizei anzurufen», sagt Wédad Zénié. Ziegler hatte die Ägypterin mit syrisch-libanesischen Wurzeln ein Jahr zuvor an einer Party kennengelernt, die von einer iranischen Freundin organisiert worden war. Obwohl er sehr schlecht tanzte und ihr dabei dauernd auf die Füße trat, verliebte sie sich in ihn.

Minou, wie Wédad in der Familie und von Freunden genannt wird, stammt aus einer wohlhabenden griechisch-katholischen Familie. Sie wurde von ihren Eltern früh in ein französisches Pensionat gesteckt. In Genf war sie dann als Sozialarbeiterin tätig. Anfangs war sie von den extrem linken Auffassungen ihres soeben aus Kuba zurückgekehrten Freundes schockiert. Mit der Zeit rutschte allerdings auch Minou politisch immer weiter nach links, was zu gewissen Spannungen mit ihrer eher konservativ eingestellten Familie führte. Die Sympathie ihres Mannes für Fidel Castro konnte sie jedoch nie teilen, auch wenn sich Zieglers Solidarität mit der kubanischen Revolution in der Folge wie ein roter Faden durch sein Leben ziehen sollte. 1969 gründete er zusammen mit anderen Sympathisanten die Association des Amis de Cuba.

Aber auch mit Zieglers Bewunderung für Gamal Abdel Nasser bekundete seine Frau große Mühe. Die martialische Rhetorik des ägyptischen Staatspräsidenten, sein militanter Panarabismus und die von ihm veranlasste Verstaatlichung des Suezkanals machte Nasser damals in der westlichen Welt zum Bürgerschreck par excellence. Im Gegensatz zu ihrem Mann engagierte sich Wédad nie in einer politische Partei oder Organisation. Sie schrieb jedoch zwei sozialkritische Werke. Für ihr Buch über die Situation der ägyptischen Frauen mit dem Titel *La face voilée des femmes d'Egypte* erhielt Wédad Zénié vom französischen Kulturminister Jack Lang 1985 den Prix litteréraire des droits de l'homme.

Nach der Rückkehr aus den USA und Kuba befasste sich Ziegler immer öfter auch mit schweizerischen Themen. Wenn es um die Innenpolitik ging, nahm er zwar noch eine ganze Weile lang nicht unbedingt prononciert linke Positionen ein. Vielmehr begrüßte er sogar in einem 1959 in der *Weltwoche* erschienenen Artikel die Nichtwahl des Bundesratskandidaten Walter Bringolf. Dem von den Sozialdemokraten portierten Schaffhauser Politiker wurde damals seine Vergangenheit in der Kommunistischen Partei vorgeworfen. Deshalb machte schließlich im eidgenössischen Parlament der eher rechts stehende Sozialdemokrat Hans-Peter Tschudi das Rennen. Statt Ideologen seien nun zusammen mit Willy

Spühler von der SP zwei Technokraten in der Landesregierung vertreten, schrieb Ziegler zu dieser Wahl. «Das Schweizer Volk kann sich zum letztwöchigen Wahlausgang nur gratulieren.» Zieglers Kommentar mag im Rückblick erstaunen. Denn, Ironie der Geschichte, ausgerechnet die sozialdemokratische Philosophin Jeanne Hersch kritisierte damals das «bürgerliche Ränkespiel» gegen den Ex-Kommunisten Bringolf und bezeichnete diese Bundesratswahl als «Schande». Handkehrum führte sie selbst Jahre später eine heftige Kampagne gegen Zieglers Ernennung zum Professor an der Universität Genf, weil er ihr politisch zu links stand.

Trotzdem wurde der politische Nachrichtendienst bereits zu diesem Zeitpunkt auf Ziegler aufmerksam. Die Polizei begann 1960 ein Dossier, eine Fiche von ihm zu erstellen, bei der in den folgenden dreißig Jahren allein das Inhaltsverzeichnis auf rund zwanzig Seiten anwachsen sollte. Mit seinen unorthodoxen Ansichten hatte sich Ziegler schon seit längerem auch mehr und mehr von seinem Elternhaus entfremdet. Besonders sein Vater litt stark, wurde er doch in Thun immer wieder auf die von seinem Sohn verfassten Zeitungsartikel angesprochen. Während die Kommunikation zwischen den beiden immer schwieriger wurde und es mit der Zeit zu einer Art Funkstille kam, versuchte die temperamentvolle Mutter weiterhin, ihren Housi von seinem «Irrweg» abzubringen. Später entspannte sich das Verhältnis zum Elternhaus zwar etwas. Als Ziegler 1967 auf der Liste der Genfer Sozialdemokraten in den Nationalrat gewählt wurde und er sich deshalb während den Parlamentssessionen häufig in Bern aufhielt, trafen die Eltern und seine Schwester Barbara ihn oft im Bahnhofbuffet zu einem kurzen Imbiss oder einem Drink. Seit Vater Ziegler als Direktor zur Militärversicherung gewechselt hatte, wohnten er und seine Frau an der Humboldtstrasse in Bern. Dass es Jean Ziegler nie gelang, den Konflikt mit seinem Vater auszutragen, sollte ihn noch lange Zeit beschäftigen.

Trotz dieses Zerwürfnisses unterhielt er jedoch weiterhin ein erstaunlich gutes Verhältnis mit seinem Götti Hermann Arni. Der Präsident der BGB des Kantons Bern, aus der 1971 die rechtsbürgerliche SVP entstand, lud ihn Anfang der sechziger Jahre mehrmals ein, in verschiedenen Parteisektionen Vorträge zu halten – obwohl er wusste, dass sein Patenkind überhaupt nicht auf der Linie seiner Partei lag. Aber Arni war ein sehr toleranter Mensch, wie sich aus der Korrespondenz zwischen den beiden erschließen lässt. «Natürlich muss bei einem solchen Thema und bei der Absicht aufzuwühlen, in dieser oder jener Frage zu weit gegangen werden. Das macht aber nichts ... Behalte dies noch ein wenig für Dich, wegen solchem Verhalten bist Du noch lange nicht treulos ... Ich freue mich schon jetzt auf Deinen nächsten Vortrag», ermunterte er seinen Göttibub nach einem dieser Anlässe in Fraubrunnen. Man kann sich gut vorstellen, dass für die anwesenden Parteimitglieder Zieglers Ansichten nicht so leicht zu verdauen waren.

Denn auch gegenüber dem real existierenden Kommunismus hatte Ziegler seine Haltung inzwischen geändert. Dem Sowjetregime stand er zwar immer sehr kritisch gegenüber. Im Gegensatz zu den meisten bürgerlichen Politikern befürwortete er jedoch den Dialog mit den Exponenten des Ostblocks. Er begann den Kommunismus als politische Antwort auf die sozialen Probleme dieser Gesellschaften zu sehen, wobei er jedoch die Art, wie die marxistische Theorie im realen sowjetischen und osteuropäischen Sozialismus umgesetzt wurde, entschieden ablehnte. 1961 reagierte Ziegler mit einem Brief an Theologieprofessor Emil Brunner auf einen in der *NZZ* veröffentlichten Artikel über den Kommunismus. «Wir beide versuchen Christen zu sein. Und wir beide gehören zu einer kleinen Minderheit satter Menschen. Kürzlich habe ich in Port-au-Prince einen Mann Hungers sterben sehen. Er lag zusammengekrümmt auf dem Pont Morin, gluckste wie ein Hund und starb, bevor ihn unser Taxi im Missionsspital abliefern konnte», schrieb er dem an der Universität Zürich lehrenden Theologen. Ziegler zitierte als gläubiger Katholik die Bibel und fuhr fort: «Das Wohlstandsproblem ist im Jahre 1961 im wesentlichen ein Verteilungsproblem ... Der von ihnen gepredigte Antikommunismus a priori steht unter den heutigen Umständen in deutlichem Widerspruch zum Evangelium.»

Das zweite Schlüsselerlebnis, das Ziegler stark geprägt hat, war ein längerer Aufenthalt im Kongo. Von 1961 bis 1963 war er als Assistent des Uno-Sonderbeauftragten Brian Urquhart in Léopoldville, dem späteren Kinshasa, stationiert. Er war an der juristischen Fakultät der Universität Sorbonne auf ein Stelleninserat gestoßen, in dem junge, französisch sprechende Uni-Absolventen für eine Auslandmission gesucht wurden. Ziegler bewarb sich sofort bei der UNOC, der United Nations Operation Congo. Er hatte keine wirkliche Konkurrenz – seine französischen Mitstudenten konnten sich nicht für diesen Job melden, weil Frankreich damals selber eine Kolonialmacht war. Der Algerienkrieg war noch nicht zu Ende. Und die in Paris studierenden Belgier hatten ohnehin keine Chance, da der Kongo bis vor kurzem eine belgische Kolonie gewesen war.

Der Kongo wurde damals von der Uno verwaltet. Patrice Lumumba war gerade ein Jahr zuvor, also kurz nach der Unabhängigkeit, von den Sezessionisten in Katanga ermordet worden. Die Uno stellte die ersten Blauhelmkontingente zusammen und übernahm die Militärgewalt und die Ziviladministration. Im ehemaligen belgischen Kongo, das zeitweilig Zaïre hieß und heute Demokratische Republik Kongo

Als junger Uno-Assistent im Kongo.

heißt, herrschte ein brutaler Bürgerkrieg, der schließlich in
der Machtübernahme des von den USA unterstützten Joseph Mobutu gipfelte. Es ging in dieser Region Afrikas seit
jeher um die gewaltigen dort schlummernden Bodenschätze,
Gold, Diamanten, Kupfer, Uran und Kobalt. Die Metzeleien,
die Ziegler in diesem Land zu sehen bekam, waren für ihn
ein traumatisches Erlebnis. Es verunsicherte ihn vollends
und bewirkte starke Ohnmachtsgefühle. Nun wurde ihm bewusst, wie begrenzt bei solchen Konflikten die Möglichkeiten internationaler Interventionen sind, besonders wenn
ausländische Mächte und Interessengruppen die Hand im
Spiel haben.

Die Uno-Leute waren im Hotel Royal in Kalina stationiert. Das Quartier sei mit Stacheldraht eingezäunt gewesen, und am Abend hätten die Angestellten jeweils die Essensreste des Tages über den Zaun gekippt, erinnert sich Ziegler. Halbverhungerte, darunter auch viele Kinder, stürzten sich darauf. Oft wurden die zerlumpten Gestalten von den Wachsoldaten unter Einsatz ihrer Gewehrkolben verjagt. Ziegler fühlte sich in dieser Situation nicht nur machtlos, es belastete auch sein Gewissen. Das Bewusstsein, zu den Privilegierten zu gehören, wurde ihm unerträglich.

Ziegler wurde sich allerdings gleichzeitig auch bewusst, dass mit der schwarzweißen marxistisch-leninistischen Imperialismustheorie, die die Welt in die bösen Weißen hier und die unterdrückten Schwarzen dort einteilt, nicht viel anzufangen war. Die Verhältnisse in Afrika sind zu komplex, um sie mit einem derart simplen Raster zu begreifen. Oder, wie es Ziegler vor ein paar Jahren in einem Interview mit dem Bayerischen Rundfunk ausdeutschte: «Es gab den fürchterlichen Mobutu, der wirklich ein Mörder gewesen ist. Aber der war tiefschwarz. Nicht alle Weißen waren Unterdrücker. Es gab natürlich die Minenbarone und die Plantagenbesitzer, die in etwa meinem Schema entsprochen haben. Aber es gab außerhalb von Elisabethville in Katanga, oben in den Vulkanbergen, eine Jesuitenstation mit belgischen, amerikanischen und auch deutschen Jesuiten. Diese Jesuiten pflegten die Leprakranken.» So wurde für Ziegler der Aufenthalt im Kongo, ähnlich wie seine Zeit in Brasilien für den Ethnologen Claude Lévy-Strauss oder die in Algerien für den Soziologen Pierre Bourdieu, zu einer Art Initiationserlebnis.

In den Weihnachtsferien kehrte er mit all diesen Erlebnissen im Kopf nach Paris zurück. Bei dieser Gelegenheit besuchte er auch wieder Sartre, der großes Interesse an den Erzählungen des Schweizer Junior-Experten der UNO zeigte.

Denn Sartre war eben angefragt worden, für ein Buch über die politischen Ideen des ermordeten Revolutionärs und Staatsgründers Patrice Lumumba ein Vorwort zu schreiben. Ziegler konnte Sartre nun Informationen aus erster Hand geben. «Früher hatte ich mich bei den Diskussionen in Sartres Wohnung immer sehr still verhalten. Nun wusste ich zum ersten Mal etwas mehr als Sartre», erinnert sich Ziegler. Sartre forderte ihn auf, einen Artikel in der von ihm und Simone de Beauvoir gegründeten Zeitschrift *Les Temps Modernes* zu schreiben. «Il faut écrire tout ça», «das muss man aufschreiben», habe er mit seiner von den vielen Gitanes-Zigaretten aufgerauhten Stimme gesagt. Die Zeitschrift war damals das Evangelium der linken Intellektuellen Frankreichs. Simone de Beauvoir korrigierte den mit «L'armée blanche en Afrique» betitelten Text zusammen mit ihm im Café de Flore, ihrer Stammbeiz im Quartier Saint-Germain. «Ce n'est pas du français», «das ist kein Französisch», habe sie dabei immer wieder geseufzt. Als sie am Ende des Textes bei der Autorenzeile angelangt sei, habe sie «Hans» durchgestrichen und durch «Jean» ersetzt. Von dem Moment an verwendete Ziegler nur noch die französische Version seines Vornamens.

Der nun in geschliffenem Französisch redigierte Artikel, der zusammen mit je einem Beitrag von Sartre und von de Beauvoir erschien, wurde für Ziegler zu einer Art Sprungbrett. Der damals unbekannte junge Jurist und Soziologe aus Thun, der sich auf Französisch noch sehr ungelenk ausdrückte, erhielt plötzlich mehrere Anfragen von renommierten Verlagshäusern. Seine Bekanntschaft mit Sartre und de Beauvoir öffnete ihm in der Folge den Zugang zu den Verlagshäusern Editions du Seuil und Gallimard. Die beiden Verlage haben bis heute eine ganze Reihe seiner Bücher publiziert. Das erste Buch erschien allerdings 1963 bei Payot und hieß *La contre-révolution en Afrique* – da war der Autor gerade mal neunundzwanzig Jahre alt –, das zweite 1964 dann bei Gallimard unter dem Titel *Sociologie de la nouvelle Afrique*. Sartre sorgte mit seinem Einfluss dafür, dass sie in der linken Zeitschrift *Nouvel Observateur* und in der Tageszeitung *Le Monde* besprochen wurden.

In der Schweiz hatte der Buchautor hingegen weit weniger Glück. Während seines Aufenthalts in Katanga hatte Ziegler seine Erlebnisse handgeschrieben auf Notizpapier der Uno festgehalten. Nun wollte er diese auch auf Deutsch in einen Roman mit dem Titel *Durch die Hölle ein Weg* verarbeiten. Er versuchte das Buch unter dem Pseudonym Nicolas Borgio zu veröffentlichen. Ziegler schickte das Manuskript zuerst Max Rychner vom *NZZ*-Feuilleton zur Begutachtung. Der Redaktor antwortete ihm, er habe den Roman zwar in einem Zug gelesen, doch er habe den Eindruck, dass der Text thematisch zu stark zerflattere. Dass Ziegler gleich zu Beginn des Manuskripts mit der Tür ins Haus fiel, kam bei Rychner offenbar nicht gut an. «Warum ich schreibe? Aus Wut! Wut gegen die katholische Schundliteratur» – so begann der Text. Ziegler spielte damit auf die zum Teil rassistischen, von Missionaren geschriebenen Elaborate an, die er im ehemaligen belgischen Kongo zu Gesicht bekommen hatte. Der aus Afrika zurückgekehrte Ziegler war von seinen Erlebnissen immer noch derart aufgewühlt, dass er sich zu einer ganzen Kaskade von Gedankensprüngen verführen ließ, denen der Feuilletonredaktor nur schwer folgen konnte.

Das Manuskript war mit autobiographischen Reminiszenzen gespickt, wie etwa einer Beschreibung der Rue Jacob in Paris, die «mit billigen Hotels und teuren Antiquitätenläden» angefüllt sei. In dieser Straße, wo seinerzeit der Unabhängigkeitsvertrag zwischen Großbritannien und den USA unterzeichnet wurde, wohnte Ziegler in einer Mansarde im Hotel

Les Deux Continents. Das Hotel im Quartier Saint-Germain gibt es noch heute – allerdings gehört es, zusammen mit den Antiquitätenläden, mittlerweile zu den eher teuren Adressen. Ziegler gab jedenfalls mit seinen schriftstellerischen Bemühungen nicht auf. Den Roman veröffentlichte er rund zwanzig Jahre später unter dem Titel *L'or du Maniéma*. Es war eins seiner wenigen Bücher, denen kein großer Erfolg beschieden war – im Gegensatz zur deutschen Übersetzung, die 1996 erschien.

In der ersten Hälfte der sechziger Jahre wechselte Ziegler mehrmals seine Tätigkeit. Auf seinen Reisen war er meist als Journalist unterwegs. Er besaß inzwischen einen Ausweis der *Weltwoche*, der ihn als verantwortlich zeichnenden Redaktor vorstellte. So schickte er zum Beispiel von der Universität Bujumbura in Burundi, wo er 1966 Vorlesungen in Soziologie hielt, mehrere Artikel über sein Gastland, aber auch über die Herrschaft von Kaiser Haile Selassie in Äthiopien und das nachkoloniale Ghana nach Zürich. Ziegler schrieb zudem für den Berner *Bund*. Er berichtete nicht nur als Journalist, sondern auch als Soziologe. Er verstand sich nicht als unbeteiligter Beobachter, der das gesellschaftliche Zusammenleben aus der Distanz beobachtet, sondern immer mehr als Teilnehmer des Geschehens. Vom Journalisten zum engagierten Buchautor war es nur noch ein kleiner Schritt.

Das erste Interventionsbuch
Als Nestbeschmutzer am Pranger

Mitte der siebziger Jahre schrieb der Pionier der Schweizer Politologie Erich Gruner, abweichendes Verhalten werde «in keinem vergleichbaren Land derart mit gesellschaftlicher Ächtung bestraft wie in der Schweiz». Gruner befand dies unter dem Eindruck der heftigen Reaktionen, die Ziegler mit seinem Buch *Eine Schweiz – über jeden Verdacht erhaben* ausgelöst hatte. Mit der 1976 zuerst in den Editions du Seuil unter dem Titel *Une Suisse au-dessus de tout soupçon* erschienenen Kampfschrift hatte Ziegler für schweizerische Verhältnisse den Rubikon überschritten. Der Pariser Korrespondent der *Tribune de Genève* bekam im voraus Wind von der Publikation und kündigte bereits zwei Tage, bevor es in den Buchhandlungen erhältlich war, eine «Bombe» an. Nicht nur in Frankreich, auch in der Romandie war das Buch nach wenigen Stunden vergriffen. Die französische Auflage erreichte über eine halbe Million verkaufter Exemplare.

Der Anstoß zu diesem Buch kam vom französischen Verlagshaus. Le Seuil hatte Ziegler aufgefordert, etwas über die internationalen Verflechtungen der Schweizer Wirtschaft zu schreiben, nachdem sein 1973 erschienener soziologischer Essay *Les vivants et la mort* zu einem großen Erfolg geworden war. Ziegler machte sich zusammen mit seinen Assistenten sofort an die Arbeit. Doch das Manuskript lag anderthalb Jahre lang in Paris in einer Schublade. Man hatte rasch erkannt, dass dieses Buch Dynamit enthielt, und erst nachdem mehrere Juristen des Hauses jeden einzelnen Satz auf Fallstricke überprüft hatten, ging es schließlich in Druck. Die Streitschrift schlug in der Schweizer Öffentlichkeit tatsächlich wie eine Bombe ein. Kaum je hatte ein Buch hierzulande derart harsche Reaktionen ausgelöst.

Ziegler wurde in unzähligen gehässigen Leserbriefen als Nestbeschmutzer angegriffen. Der Begriff stammt eigentlich aus dem Tierreich. Max Frisch bemerkte einmal, «die das Nest schmutzig machen, zeigen empört auf einen, der ihren Schmutz bemerkt und nennen ihn den Nestbeschmutzer». Im Gegensatz etwa zu Deutschland oder Frankreich war in der Schweiz die politische Debatte noch bis weit in die neunziger Jahre hinein von vielen Tabus und einem ausgeprägten Hang zum Konsens geprägt. Querdenker hatten es schwer, sie wurden diffamiert und ausgegrenzt.

Die von Ziegler verfochtene Hauptthese war allerdings tatsächlich schweres Geschütz: «Im weltweiten kapitalistischen System spielt die schweizerische Oligarchie eine zentrale Rolle: jene des Hehlers. Dank einem krankhaft aufgeblasenen Bankensystem, dank solch bewunderungswürdigen Einrichtungen wie dem Bankgeheimnis und dem Nummernkonto erfüllt die schweizerische Oligarchie diese Hehleraufgabe aufs vorzüglichste. Mit ihrer täglichen Beute finanziert sie sodann ihre eigenen Abenteuer im Ausland: Ihre multinationalen Konzerne kontrollieren heute von Indonesien bis Südafrika, von Brasilien bis Guatemala ganze Regionen und Völkerschaften.» Ziegler hatte zu einem Rundumschlag gegen das Schweizer Bürgertum und das Wirtschaftsestablishment ausgeholt. Und das auch noch vom Ausland aus, über einen Großverlag in Paris.

Der Soziologe gab sich gar nicht erst die Mühe, den Anschein von Wissenschaftlichkeit zu erwecken. Anders als in seinen soziologischen Werken fühlt sich Ziegler in seinen «Interventionsbüchern», wie er seine Streitschriften nennt, nicht der Objektivität und der Ausgewogenheit verpflichtet. Diese Bücher seien vielmehr eine Waffe, mit der er in die öffentliche Diskussion eingreife, sagte er einmal gegenüber dem Bayerischen Rundfunk. «Wenn ein Buch nicht polemisch geschrieben ist, ist es eine stumpfe Waffe.» Ziegler versteht sich in erster Linie nicht als Wissenschaftler, sondern als Intellektueller, und dies im Sinne der französischen Tradition. Anders als in der Schweiz, haben in unserem westlichen Nachbarland Intellektuelle immer eine wichtige gesellschaftliche und politische Rolle gespielt. Jean-Paul Sartre genoss in Frankreich hohes Ansehen, obwohl er ein ausgesprochener Provokateur war. Zu Beginn der siebziger Jahre schockierte der Existentialist die französische Öffentlichkeit mit seiner Parteinahme für die Maoisten, und einige Jahre später besuchte er den RAF-Terroristen Andreas Baader, den er als politischen Gefangenen betrachtete, im Gefängnis. Sartre konnte sich das in Frankreich als tonangebender Intellektueller erlauben, ohne damit zur Persona non grata zu werden.

In der Schweiz haftet dem Intellektuellen hingegen immer noch der Ruf eines elitären, abgehobenen Akademikers an. So haben es rechtskonservative Kreise zuweilen gar verstanden, den Begriff zu einem Schimpfwort zu machen, etwa bei der Wahl des Publizisten Roger de Weck zum SRG-Generaldirektor. Im *Historischen Lexikon der Schweiz* wird der Intellektuelle zwar als eine Persönlichkeit beschrieben, «die sich mit dem ganzen Gewicht ihres Ansehens für eine Sache engagiert». Anders als in Frankreich, war deren Einfluss aber in unserem kleinen Land nie sehr groß. Historisch waren es vornehmlich konservative Persönlichkeiten, wie Gonzague de Reynold oder Jakob Burckhardt, die sich als Intellektuelle in die öffentliche Debatte einschalteten.

Die Denker, die die Nachkriegsjahre hervorgebracht haben, wie etwa die Schriftsteller Max Frisch oder Friedrich Dürrenmatt, waren jedoch politisch eher schwer einzuordnen. Im Gegensatz zur Anerkennung ihrer großen literarischen Bedeutung, wurde ihre Gesellschaftskritik weniger zur Kenntnis genommen. Wenn sie sich zu gesellschaftlichen Fragen äußerten, gestand man ihnen wohl eine gewisse Narrenfreiheit zu, ohne ihre Meinungsäußerungen allerdings allzu ernst zu nehmen. Als Dürrenmatt in seiner legendären Rede anlässlich der Verleihung des Gottlieb-Duttweiler-Preises 1990 an den damaligen Präsidenten der Tschechoslowakei, Vaclav Havel, die Schweiz mit einem Gefängnis verglich, in dem die Insassen gleichzeitig ihre eigenen Wärter seien, zuckten die Zuhörer verständnislos die Achseln. Die Provokation blieb ohne Folgen, es entstand keine gesellschaftliche Kontroverse aus dieser Publikumsbeschimpfung.

Einen relativ großen politischen Einfluss hatte in der Schweiz in den Nachkriegsjahren allerdings die Genfer Philosophin Jeanne Hersch, die, obwohl Mitglied der Sozialdemokratischen Partei, vor allem in bürgerlichen Kreisen ein großes Prestige genoss. In der Zeit der bewegten Achtundsechziger erhoben dann dezidiert Linke wie Niklaus Meienberg und eben Jean Ziegler mit pointierten Äußerungen ihre Stimme. Beide waren überzeugt, dass sie nur gehört würden, wenn sie richtig auf die Pauke hauen.

Ziegler beruft sich immer wieder auf Sartre als seinen Lehrmeister. «Wer die Menschen lieben will, muss sehr stark hassen, was sie unterdrückt», heißt ein von Sartre geprägter und von Ziegler gern zitierter Satz. Wie Sartres Hass auf den französischen Kolonialismus sitzt auch Zieglers Hass auf den Schweizer «Raubtierkapitalismus», wie er ihn nennt, sehr tief. Dies wird schon aus dem martialischen Vokabular deutlich, das er im Buch *Eine Schweiz – über jeden Verdacht erhaben* verwendet. Unter anderem beruft er sich darin auf

Lenins Imperialismustheorie. Entsprechend heftig war die Entrüstung, die die Publikation dieses Buchs hervorrief.

Misstöne gab es jedoch auch in Zieglers eigenem Umfeld. Er hatte für dieses Buch unter anderem die Texte seiner beiden ehemaligen Studenten Rudolf Strahm und Beat Kappeler, die für einen ursprünglich geplanten, dann aber gescheiterten Sammelband bestimmt waren, verwendet. Die beiden Beiträge erschienen schließlich in einer Schrift der entwicklungspolitischen Organisation Erklärung von Bern unter dem Titel *Schweizer Kapital und Dritte Welt*. Kappelers darin vertretene Thesen waren recht kritisch: «Die Schweiz ist Partei und ihre Finanzbeziehungen mit der Dritten Welt sind Herrschaftsbeziehungen», heißt es dort unter anderem. Doch insgesamt war sein Text in einer nüchternen Sprache gehalten. Strahm und Kappeler fanden zu ihrem Erstaunen Passagen ihrer Arbeiten in Zieglers Buch wieder, allerdings in einer stark veränderten Fassung. Ziegler erklärte dies mit einem Missverständnis, denn die Veränderungen seien vom Pariser Verlag ohne Rücksprache mit ihm vorgenommen worden. Strahm trägt Ziegler mittlerweile diese Verwendung seines Textes nicht mehr nach, obwohl er damals alles andere als begeistert war.

Beat Kappeler hat seinen Ärger bis heute nicht verwunden. Dass der Inhalt seines Textes nach seiner akribischen Rechnung an insgesamt siebenundvierzig Stellen stark verändert und «verradikalisiert» wurde, war nicht das einzige, was ihn störte. Obwohl Kappeler zu jener Zeit noch zur politischen Linken gehörte – er wurde ein Jahr später Sekretär des Schweizerischen Gewerkschaftsbundes – passte ihm allein schon der Rahmen nicht, in dem sein Beitrag verwendet wurde. Es kam deshalb zwischen ihm und Ziegler zum Bruch. «Ich teile Deine dichotomische Weltsicht nicht, ‹hier alle bürgerlichen Schreiber – hier die reinen Kämpfer›. Es gilt von diesem lächerlichen Kirchenbegriff loszukommen», schrieb er seinem ehemaligen Professor in einem Brief. Und weiter: «Wenn Du jedermann angreifst, indem Du ihn ins Lager des Feindes verweist, provozierst Du Reaktionen, die Dir notwendigerweise ungünstig sind.» Und so kam es auch. Das Buch wurde von Politikern, Wirtschaftsführern und Journalisten in Grund und Boden getreten. Allerdings machten sich nur wenige Kritiker die Mühe, sachlich auf Zieglers Thesen einzugehen. Anfänglich versuchten einige Medien gar, sie ihren Lesern vorzuenthalten.

Ein von Andreas Zgraggen – dem späteren Chefredaktor der *Bilanz* und der *Berner Zeitung* und ebenfalls ein ehemaliger Student Zieglers – auf Wunsch des *Weltwoche*-Feuilletons geführtes Interview wurde in letzter Minute aus dem Blatt genommen. Chefredaktor Hans O. Staub hatte bis zu diesem Zeitpunkt immer große Stücke auf Ziegler gehalten und ihn gegenüber dem Verlag in Schutz genommen. Doch nun wurde es ihm offenbar zu riskant. Auch vom Westschweizer Radio wurde ein mit Ziegler geführtes und im Programm bereits angekündigtes Gespräch kurzfristig abgesetzt. Die Zensur «kam von oben, von außerhalb des Hauses, möglicherweise von der Regionaldirektion», vermutete der *Tages-Anzeiger* damals. Nachdem die Katze nun aber aus dem Sack war, begann schließlich trotzdem eine ganze Reihe von Zeitungen darüber zu berichten. Selbst in kleinen Lokalblättern, die sonst kaum Bücher rezensieren, erschienen Kommentare.

Einzig die *NZZ* ließ sich fünf Wochen Zeit, um dann unter dem Titel «Monströses Marionettentheater» einen vernichtenden Verriss zu publizieren. Der Leser erfuhr bei der Lektüre allerdings nur sehr wenig über den Inhalt des Buches. Und das wenige, was im Kommentar wiedergegeben wurde, war teilweise falsch. So machte der *NZZ*-Redaktor zum Beispiel den Leser glauben, Ziegler stelle den Wehrwillen der Schweizer Milizarmee in Frage – was er überhaupt nicht getan hatte. Als dann ein halbes Jahr später im Luchterhand Verlag die deutsche Übersetzung des Buches auf den Markt kam, erschienen in der *NZZ* innerhalb von acht Tagen nochmals insgesamt fünf Artikel. Dem Leser wurde auch diesmal nur wenig Einblick in Zieglers Gedankengebäude gegeben.

Angesichts des Gewichts, das diese Zeitung in der schweizerischen Meinungsbildung hat, entschloss sich Ziegler, mit einem Leserbrief zu reagieren. «Dass die *NZZ* mit dieser Analyse nicht einverstanden ist, ist sozusagen natürlich. Aber warum ist sie unfähig oder unwillig, ihre Gegenthese zu formulieren, Diskussion zu führen über die Welt, wie sie ist? Dialog in der Schweiz … ich träume. Und bevor dieser Traum wahr wird – ich hab's schon anderswo gesagt –, heiratet der Papst und tritt Breschnew in die Schweizerische Volkspartei ein (wo er auch hingehört).» Was Ziegler wurmte, war nicht die Kritik an seinem Buch, sondern dass sich niemand mit ihm auf eine inhaltliche Diskussion einlassen wollte.

Mit wenigen Ausnahmen, fielen auch in den übrigen Medien fast alle Rezensionen äußerst negativ aus. Die *NZZ* war im Vergleich mit anderen Blättern noch relativ glimpflich mit Ziegler umgegangen. Ganz grobes Geschütz fuhr der Berner *Bund* auf. Die Zeitung zog am 25. November 1976 gar eine Parallele zwischen Ziegler und Oberstbrigadier Jean-Louis Jeanmaire, der einige Monate zuvor als Sowjetspion entlarvt worden war und dafür zehn Jahre hinter Gittern musste. Nicht nur seien beide Nestbeschmutzer, sondern ihnen sei auch gemein, dass sie mit Ausländerinnen verheiratet seien. Der Landesverräter Jeanmaire habe eine gebürtige Russin zur Frau, und Ziegler sei mit einer Ägypterin verheiratet. Die Schlussfolgerung des mit I. K. gezeichneten, fremdenfeindlichen Artikels: Sowohl bei militärischen Beförderungen wie bei Wahlen in den Nationalrat müsse in Zukunft ein ungeschriebenes Gesetz zur Geltung kommen, dass nur solche Kandidaten vorgeschlagen würden, die mit einer im Land geborenen Schweizerin verheiratet seien.

Sonst konzentrierten sich die Kommentare fast durchgängig auf die Fehler und Ungenauigkeiten, die Ziegler bei seinen Recherchen unterlaufen waren. Und davon gab es tatsächlich eine ganze Menge. Allerdings waren die Versuche, Ziegler zu widerlegen, mit fast ebenso vielen falschen Behauptungen gespickt. Mit den Thesen setzte sich kaum einer der Kommentatoren wirklich auseinander. Der pauschale Hauptvorwurf lautete sinngemäß fast überall, Ziegler sei ein übler Nestbeschmutzer. Bestärkt wurden seine Kritiker in dieser Meinung schon dadurch, dass das Buch im Ausland, insbesondere in Frankreich, im Gegensatz zur Schweiz sehr wohlwollend aufgenommen worden war.

Einige der wenigen, die sich die Mühe einer ernsthaften Auseinandersetzung machten, waren der Ökonom Henner Kleinewefers und der Politologe Erich Gruner. Deren Aufsätze erschienen in einer Broschüre der Wirtschaftsförderung, der damaligen PR-Organisation des Vororts, der Vorgängerorganisation von Economiesuisse. Kleinewefers zerpflückte Zieglers Darstellung gewisser marktwirtschaftlicher Mechanismen, etwa die Kritik an den überhöhten Zinsen, die die Entwicklungsländer für ihre Kredite bezahlen müssten. Dass private Geldgeber für das Risiko von Unruhen, Enteignungen und ähnlichem einen Zuschlag auf den Zins schlagen, liege in der Logik des Marktes, lautete sein Einwand. Aber das war es ja gerade: Ziegler ist nicht bereit, diese Marktlogik zu akzeptieren. Er kämpft für eine Weltordnung jenseits der Marktgesetze. Wie diese aussehen soll, sagt er allerdings nicht. Die neu zu schaffende Gesellschaft sei ein Mysterium der Geschichte, pflegt Ziegler zu sagen.

Dass er hier seinen Gegnern eine klare Antwort schuldig bleibt, heißt nun aber nicht, dass es nicht legitim wäre, wenn Ziegler an den bestehenden Verhältnissen Kritik übt. Erich Gruner traf in seiner Schlussfolgerung den Nagel auf den Kopf: «Auch wenn Ziegler maßlos verzerrt und damit seinen Anliegen einen schlechten Dienst erweist, soweit sie sachlich gerechtfertigt sind, berührt er doch zahlreiche wunde Stellen, die man bis jetzt laufend mit Pflastern überklebt hat.»

Tatsächlich war in der Schweiz zu jenem Zeitpunkt für den kriminellen Tatbestand der Geldwäscherei nicht einmal ein Pflaster vorgesehen. Es fehlte in der Öffentlichkeit und bei der Classe politique noch das entsprechende Problembewusstsein. Es brauchte mehr als zwanzig Jahre, bis der Bund 1998 endlich begann, mit einem Geldwäschereigesetz, das auch den Nichtbankensektor in die Pflicht nimmt, die von Ziegler an den Pranger gestellten Machenschaften zu bekämpfen. Heute wissen wir, dass das Weißwaschen von Geld aus kriminellen Aktivitäten nicht aus Einzelfällen bestand, wie es früher immer dargestellt wurde. Das zeigt schon die Tatsache, dass heute bei der Geldwäscherei-Meldestelle jährlich gegen tausend begründete Verdachtsmeldungen eingehen, die Milliarden von Franken betreffen. Und im Immobilienbereich fehlen immer noch die Instrumente für die Bekämpfung solcher Machenschaften.

Auch Zieglers Voraussage, dass sich das Bankgeheimnis nicht werde halten können, mutet heute fast visionär an. Er war der erste Politiker, der die Missbräuche, die unter dem Deckmantel des Bankgeheimnisses getrieben wurden, anprangerte. Eine Durchlöcherung dieser Institution werde unweigerlich zur Katastrophe und zu einer Halbierung des Finanzplatzes führen, behaupteten die Banken damals. Seit März 2009 muss nun die Schweiz nach internationalem Druck die OECD-Standards anerkennen und die internationale Amtshilfe nicht nur in Fällen von Steuerbetrug, sondern auch bei einfacher Steuerhinterziehung akzeptieren. Und die UBS wurde gezwungen, die Daten von Tausenden von Kunden an die USA auszuliefern. Für Ausländer existiert heute das herkömmliche Bankgeheimnis nicht mehr. Dennoch ist der Schweizer Finanzplatz deswegen nicht zusammengebrochen. Nicht Ziegler, sondern die Großbanken selbst haben mit ihrer kurzsichtigen Geschäftspolitik maßgeblich zur Schleifung des Bankgeheimnisses beitragen.

Auch für eine gesetzliche Grundlage zur Rückerstattung von gestohlenem Volksvermögen durch Diktatoren, die nach dem blutrünstigen Despoten in Haiti benannte Lex Duvalier, brauchte es über dreißig Jahre. Das sind die von Ziegler damals erwähnten wunden Punkte, die Gruner ganz offensichtlich meinte.

Auch wenn Ziegler viele Fakten verdrehte oder falsch dargestellt hatte: Der ein Jahr nach dem Erscheinen seines Buches bei der Schweizerischen Kreditanstalt SKA aufgeflogene Chiasso-Skandal gab ihm in vieler Hinsicht Recht. Innerhalb der Tessiner SKA-Filiale war damals heimlich eine Bank mit italienischen Fluchtgeldern aufgebaut worden. Die Generaldirektion der Großbank hatte ihre Kontrollfunktion sträflich vernachlässigt. Die von den Gegnern einer griffigen Gesetzgebung immer wieder beschworene Selbstregulierung und Selbstverantwortung hatte einmal mehr versagt. Heute ist man fast versucht zu sagen, Ziegler habe vor über dreißig Jahren das Drehbuch zu dem geschrieben, was danach passierte, wenn auch in literarisch stark verfremdeter Form.

Genosse Professor
Zieglers Wirken an der Universität

Nicht nur als Autor von *Eine Schweiz – über jeden Verdacht erhaben*, sondern auch als Professor der Soziologie sorgte Ziegler besonders in Bern und Genf wiederholt für Aufregung. Seine Lehrtätigkeiten an den Universitäten Neuenburg, Grenoble und Paris waren deutlich von weniger Nebengeräuschen begleitet.

Im Frühjahr 2002 beendete Ziegler nach rund vierzig Jahren Lehrtätigkeit seine Karriere an der Universität Genf – wie es üblich ist, mit einer Abschiedsvorlesung. Seine Ausführungen warfen weit über die Genfer Alma Mater hohe Wellen. Es war wohl das erste Mal, dass Deutschschweizer Zeitungen dem Rücktritt eines Universitätsprofessors auf der anderen Seite des Röstigrabens Beachtung schenkten. Die Feier fand im Auditoire des droits de l'homme statt, dem Auditorium der Menschenrechte. Dieser Vorlesungssaal hatte seinen Namen zum Andenken an den von der argentinischen Militärdiktatur Mitte der siebziger Jahre ermordeten Ziegler-Schüler Alexei Jaccard erhalten. Der Saal war zum Bersten voll. Die Vorlesung musste per Video in die Korridore des Universitätsgebäudes übertragen werden. Nicht nur Studenten, auch anarchistische Hausbesetzer, Genfer Notable und selbst ein brasilianischer Minister wollten wissen, was Ziegler zu sagen hatte.

Zu dieser Abschiedsvorlesung hatte neben der Universität auch das Gesellschaftliche Bündnis zur demokratischen Kontrolle der internationalen Finanzwerke Attac eingeladen.

Ziegler in seinem Büro an der Universität Genf

Diese in über zwei Dutzend Ländern präsente Bewegung wurde durch ihre Opposition gegen das Davoser Weltwirtschaftsforum und mit der Forderung nach einer Finanztransaktionssteuer, der sogenannten Tobin-Steuer, bekannt. Ziegler hat seit jeher all seine Hoffnungen in solche globalisierungskritischen Bürgerbewegungen gesetzt. In seinen Augen sind sie es, die einmal die Gesellschaft verändern werden – und weniger die linken politischen Parteien, die seiner Ansicht nach größtenteils verknöcherte Wahlbürokratien sind.

Der Dekan stellte den Redner in seinen einleitenden Worten als «der im Ausland bekannteste Schweizer» vor. Ziegler nutzte die Tribüne, die ihm hier gegeben wurde, voll aus. Er hob zu einem flammenden Plädoyer nicht nur für die politischen Menschenrechte, sondern auch für die Sozialrechte an, und bombardierte seine Zuhörer mit Zitaten von Karl Marx, Franz Kafka, Bertolt Brecht und dem chilenischen Dichter Pablo Neruda. Seine Ausführungen waren gleichsam sein politisches Testament. Dazwischen wurde er immer wieder von tosendem Applaus unterbrochen.

Zieglers Wissenschaftsverständnis wurde bereits aus dem Titel des Vortrags deutlich: «Die Welt verstehen – die Welt verändern: Was nützt ein Intellektueller?» Für den streitbaren Genfer Soziologen gibt es in den Sozialwissenschaften keine Wertefreiheit. Dies wurde ihm von seinen Kritikern immer wieder angekreidet. Doch mit diesem Wissenschaftsverständnis steht er keineswegs allein. Der Streit um die Frage, ob sich der Wissenschaftler mit seinen Erkenntnissen in die Politik einmischen soll oder nicht, hat bereits vor dem Ersten Weltkrieg begonnen. Der Disput fand seine Fortsetzung dann in den sechziger Jahren zwischen den Positivisten und der insbesondere durch Theodor Adorno und Jürgen Habermas repräsentierten Frankfurter Schule. Die beiden

Vertreter der Kritischen Theorie lehnten in der Tradition von Hegel und Marx ein rein beobachtendes, deskriptives Wissenschaftsverständnis ab. Sowohl die Soziologie als auch die Ökonomie, die sich beide mit dem Zusammenleben der Menschen befassen, sind im Gegensatz zu den Naturwissenschaften keine exakten Wissenschaften. Es liegt auf der Hand, dass hier verschiedene Denkschulen und Forschungsansätze miteinander konkurrieren.

Mit seinem klassenkämpferischen Auftritt sprengte Ziegler jedoch eindeutig den Rahmen einer Soziologievorlesung. All jene, die ihm schon immer vorgeworfen hatten, er politisiere die Universität und mache sie zu einer Brutstätte des gesellschaftlichen Umsturzes, schien er hier zu bestätigen. Natürlich hatte Ziegler immer wieder Studenten aus Entwicklungsländern unter seinen Fittichen, die später in ihrer Heimat an die Spitze revolutionärer Bewegungen gelangten oder die in linken Regierungen Ministerposten besetzten, wie etwa Edy Angulu, der in der Regierung Kabila der Demokratischen Republik Kongo Außenminister wurde. Die Universität Genf am Sitz der Uno war für Studenten aus Entwicklungsländern wegen des internationalen Klimas und der französischen Sprache seit jeher eine attraktive Wahl. Zudem war das Fach Entwicklungssoziologie, das Ziegler lehrte, für diese Studenten von besonderem Interesse. Daraus folgerten viele seiner Kritiker rasch einmal, Zieglers Seminare seien Ausbildungskurse für künftige Revolutionäre, wie es die inzwischen eingegangene Westschweizer Tageszeitung *La Suisse* suggeriert hatte.

Doch auch bürgerlich denkende Studenten fanden Zieglers Lehrveranstaltungen interessant. Sie ließen sich durch solche Verschwörungstheorien nicht irritieren. In einem Seminar an der Universität Bern, wo Ziegler ebenfalls mehrere Jahre lehrte, saß zum Beispiel zu Beginn der achtziger Jahre

Martin Baltisser, heute Generalsekretär der SVP. Baltisser widerspricht vehement dem Verdacht, Ziegler habe versucht, die Studenten aufzuwiegeln. Obwohl politisch ein entschiedener Gegner der Linken und damit auch von Ziegler, hat Baltisser dessen Seminare in sehr guter Erinnerung. «Ziegler ist ein spannender Mensch, er hat uns überhaupt nicht politisch zu beeinflussen versucht, seine Seminare waren sehr prägend und befruchtend für mich.»

Ziegler wurde von den meisten seiner Studenten geschätzt. Und dies nicht nur deshalb, weil man bei ihm auch mit einer schlechten Prüfungsleistung eine genügende Note erhielt. Ziegler erachtet Noten für ein willkürliches und undifferenziertes Beurteilungsinstrument. Ein wichtiger Grund für seine Beliebtheit war vielmehr auch die Tatsache, dass sich die Gesellschaftskritik der Achtundsechziger-Studenten in weiten Teilen mit derjenigen ihres Lehrers deckte. Einer seiner Studenten, der verstorbene Solothurner Ständerat Ernst «Aschi» Leuenberger, formulierte es einmal so: «Jean Ziegler, dem im Wintersemester 1967 ein Lehrauftrag zu ‹Entwicklungssoziologie› erteilt wurde, war ein weiterer Mentor der Jungen in dem ansonsten ‹verstaubten Altmännerhaufen› an der Uni Bern. Die Studierenden sogen seine Kritik auf: die internationale Ausbeutung, die opportunistische Rolle der Schweiz, der spätkolonialistische Imperialismus der USA. Sie verschlangen die Publikationen, die das Verhältnis der Ersten zur Dritten Welt kritisch beleuchteten.» Im Gegensatz zu dem Altmännerhaufen, sprach Ziegler spontan und frei, ohne schriftliche Unterlagen. Natürlich unterliefen ihm in der freien Rede oft Fehler und Ungenauigkeiten. Doch Ziegler wies immer auf die entsprechende Literatur hin, auf die er sich stützte. Damit hatten die Studenten die Gelegenheit, das Gesagte zu überprüfen und auch kritisch zu hinterfragen. Anstatt sich wie bei vielen anderen Professoren eine Wort für Wort ab Blatt abgelesene Vorlesung anhören zu müssen, wurden sie motiviert, sich den Stoff selber zu erarbeiten. Dies mussten sie nur schon deshalb, weil Ziegler bei den Seminaren oft fehlte, weil er entweder im Ausland unterwegs oder anderweitig durch seine politische Tätigkeit absorbiert war. Zieglers viele Absenzen veranlasste den früheren liberalen Genfer Nationalrat Charles Poncet einmal zur ironischen Bemerkung, Ziegler sei der einzige Professor, den die Studenten häufiger im Fernsehen als im Vorlesungssaal gesehen hätten.

Der informelle persönliche Umgang mit den Studenten, mit denen Ziegler sich duzte, machten ihn ebenfalls sehr populär. Seine unkonventionelle Art irritierte sie manchmal auch. So ließ er seine Berner Studenten zuweilen zur Vorbesprechung des Seminars in die Bellevue-Bar kommen, ein für junge Contestataires eher ungewöhnlicher Treffpunkt. Das Lokal des Fünf-Sterne-Hotels war eben schon damals ein beliebter politischer Treffpunkt, wo auch SP-Parlamentarier gerne verkehren. Zieglers ungezwungene Art wird auch durch ein anderes Beispiel deutlich: Während des Vietnamkriegs baten ihn ein paar Studenten einmal um einen speziellen Rat. Sie wollten von ihm wissen, wie sie der unter dem Bombenhagel der amerikanischen Luftwaffe leidenden Bevölkerung helfen könnten. Ziegler schlug ihnen vor, bei Apotheken nach verfallenen Medikamenten und Musterpackungen nachzufragen und diese dann nach Vietnam zu schicken. Zufällig kam kurz darauf ein Minister Nordvietnams zu Besuch in die Schweiz. Ziegler nahm die Studenten – er saß damals als SP-Nationalrat im Parlament – kurzerhand mit ins Bundeshaus, sodass sie dem Vertreter der Regierung von Ho Chi Minh die gesammelten Medikamente direkt überreichen konnten.

Trotzdem kam es manchmal zu Spannungen zwischen

Ziegler und seinen Studenten. Gewisse Dissonanzen entgingen nicht einmal der Polizei, die damals in der Schweiz insgesamt 900 000 Personen aus politischen Gründen bespitzelte. Als 1969 ein paar Studenten an der Uni Bern einen Abend mit kubanischen Filmen veranstalteten, wurde dies auch von der Sicherheits- und Kriminalpolizei der Stadt Bern registriert. Die Studenten hatten Kuba-Kenner Ziegler dazu eingeladen, um die Anziehungskraft der Veranstaltung etwas zu erhöhen. Doch ihr Professor ließ sie schmählich im Stich. «Die Organisatoren fühlten sich von Nationalrat Prof. Dr. Jean Ziegler desavouiert, weil er nicht erschien und einen Vortrag bei den Zofingern vorgezogen hatte», heißt es in der Fiche eines der Organisatoren des Filmabends.

Umgekehrt nahm Ziegler zuweilen auch die Achtundsechziger-Studenten aufs Korn. So kritisierte er einmal in der *Weltwoche* den von den jungen Linksaktivisten gepflegten Guevara-Mythos. Es liege dem «die Hoffnung auf die therapeutische Wirkung der Gewalt» zugrunde. In der Schweiz gebe es jedoch «keine so haarsträubenden Ungerechtigkeiten und Elendszustände, dass bloß die alles vernichtende, alles Bestehende negierende Gewalt Neues und Erträumtes schaffen kann. Statt der geduldigen, mühseligen, oft zum Verzweifeln langsamen Reformarbeit am Bestehenden suchen [die Studenten] Befriedigung im Imaginären.» Ziegler war also damals weit weniger radikal als viele seiner Studenten.

Unter den Professoren gab es an den Schweizer Universitäten allerdings kaum einen, der derart links stand wie Ziegler. Deshalb wurde er von seinen Gegnern mit Argusaugen beobachtet. Seine wissenschaftlichen Qualifikationen wurden anfangs jedoch kaum je in Frage gestellt. Als Soziologe begann Ziegler seine Karriere 1965 als Dozent am Institut Africain in Genf und im selben Jahr als Chargé de recherche an der Universität Genf. Das Thema seiner Antrittsvorlesung lautete «Die bewaffneten nationalen Befreiungsbewegungen Afrikas». Es war die Zeit, als in Afrika eine ganze Reihe von Kolonien in die Unabhängigkeit entlassen wurde, oder sich von der Fremdherrschaft gewaltsam zu befreien versuchte. Denn längst nicht überall räumten die Kolonialherren freiwillig das Feld. In Angola wurde noch bis Mitte der siebziger Jahre gekämpft. Diesen ehemaligen Kolonien fehlte aber nach der Unabhängigkeit oft ein ausgebildetes Personal, um sich selbst verwalten und regieren zu können. Deshalb kam der Lausanner Geschichtsprofessor und Nestlé-Verwaltungsrat Jacques Freymond auf die Idee, mit Hilfe der Vorläuferorganisation der heutigen Direktion für Entwicklungszusammenarbeit DEZA 1961 in Genf das Institut Africain zu gründen. Zweck war, den unabhängig gewordenen Ländern bei der Kaderausbildung zu helfen. Ziegler gehörte zu den ersten Dozenten.

Der erste Direktor des Instituts, Pierre Bungener, förderte Ziegler stark. Wissenschaftler mit Kenntnissen des nachkolonialen Afrikas gab es damals in der Schweiz nur sehr wenige. Der junge Lehrbeauftragte war auch bei seinen afrikanischen Studenten sehr beliebt – nicht zuletzt deshalb, weil er sich schon damals die Optik des schwarzen Kontinents zu eigen gemacht hatte. Régis Debray, in den sechziger Jahren ein Kampfgefährte von Che Guevara in Bolivien und einer der engsten Freunde von Ziegler, hat ihn deshalb einen «weißen Neger» genannt. Zuvor hatten die Europäer ja immer versucht, den Afrikanern die zivilisatorischen Wohltaten des Kolonialismus vor Augen zu halten. Bei Ziegler tönte es nun ganz anders. Er lieferte den jungen Afrikanern die theoretische Basis, um die Gründe für die wirtschaftliche Rückständigkeit ihrer Heimatländer zu verstehen. Ziegler ortet die Ursachen für die wirtschaftlichen, gesellschaftlichen und

80

politischen Probleme Schwarzafrikas in erster Linie in den Nachwirkungen der Kolonisierung und der weiter bestehenden Abhängigkeit von den Industrieländern. Die hausgemachten Probleme dieser neuen Staaten traten bei Ziegler immer etwas in den Hintergrund. Dass er für ihre politischen und wirtschaftlichen Schwierigkeiten mildernde Umstände geltend machte, war natürlich immer Musik in afrikanischen Ohren.

Bei der Frage nach den Motiven für ihr Aufnahmegesuch ans Institut nannten deshalb viele der Studenten die Tatsache, dass Ziegler dort lehrte. Es gab sogar welche, die glaubten, das Institut heiße Institut Ziegler. Nach und nach studierten aber auch immer mehr junge Leute aus Lateinamerika und der Schweiz am Institut Africain. Diesem Umstand wurde später mit der Umbenennung in Institut universitaire d'études du développement Rechnung getragen. Nach dem Wechsel in der Institutsleitung entstanden nicht selten Konflikte zwischen Ziegler und seinen Vorgesetzten wegen seiner vielen Absenzen. «Jean ist ein absoluter Rebell, der sich nicht führen lässt», sagt der emeritierte Afrikanist Gilbert Rist, der längere Zeit Mitglied der Institutsdirektion war.

Denn Ziegler liebt das Multitasking, oder etwas kritischer formuliert: Er hat sich bei seinen Aktivitäten immer etwas verzettelt. Neben Genf war er auch in Bern engagiert. Allerdings ergab das auch Synergien. Oft brachte er einzelne seiner afrikanischen Studenten aus Genf zu Diskussionen in sein Entwicklungssoziologie-Seminar an der Universität Bern, wo er seit 1967 als Privatdozent lehrte. Mit dem Strukturalismus von Claude Lévi-Strauss, der unter anderem die Gleichwertigkeit der verschiedenen Kulturen betonte, vermittelte er in seinen Vorlesungen im konservativen Bern eine ganz neue, bis dahin dort unbekannte Sicht auf die Drittweltländer. Ziegler stützte sich daneben auch auf den damals an der Universität Sorbonne in Paris lehrenden Ethnologen und Soziologen Georges Balandier. Dieser hatte Mitte der fünfziger Jahre aufgrund seiner Forschungstätigkeit in Afrika das Konzept der «Dritten Welt» entworfen.

Dieser neue Approach weckte im Lehrkörper der rechts- und wirtschaftswissenschaftlichen Fakultät großes Misstrauen. Ziegler wurde mit der Zeit wenn auch nicht offen, so doch unterschwellig vorgeworfen, er vermische wissenschaftliche Analyse und subjektive Eindrücke. Wie in den *Traurigen Tropen*, dem poetischen Reisebericht von Lévi-Strauss über die Indianer in Brasilien, sind tatsächlich auch viele von Zieglers soziologischen Arbeiten mit persönlichen Erlebnissen und Eindrücken gespickt. Dem 2009 im Alter von hundert Jahren verstorbenen Mitglied der Académie française und der amerikanischen National Academy ist diese in seine Beschreibungen eingeflossene Subjektivität im Gegensatz zu Ziegler jedoch kaum je vorgeworfen worden. In der Schweiz war die Soziologie damals stark von den angelsächsischen Autoren beeinflusst. Viele dieser Empiriker, die sich in erster Linie auf Daten stützten, die aus Befragungen gewonnen wurden, versuchten die aus Frankreich kommenden Theorien als Ideologie zu disqualifizieren. Ziegler hatte es deshalb mit seinem völlig neuen Ansatz schwer.

In seinem zweiten soziologischen Werk mit dem Titel *Sociologie de la nouvelle Afrique* hatte Ziegler 1964 versucht, die Sozialstrukturen Ghanas, Kongo-Léopoldvilles und Ägyptens zu analysieren. Er interessierte sich damals besonders für die informellen sozialen Bewegungen, die von der Soziologie vernachlässigt worden waren. Obwohl er sich als Marxist bezeichnete, kam er in seiner Analyse zum Schluss, dass das marxistische Modell der sozialen Klassen, wie es Georg Lukács, der ungarische Philosoph und intellektuelle Führer des Ungarnaufstands von 1956 postulierte, bei der Analyse dieser Gesellschaften nur sehr beschränkt nützlich sei. In der deutschen Wochenzeitung *DIE ZEIT* wurde Zieglers wissenschaftlicher Erstling sehr positiv rezensiert: Das Buch «gehört zu den besten der neueren Afrika-Literatur», urteilte das liberale, bildungsbürgerliche Blatt. Georges Balandier zitierte Zieglers Buch 1965 in einem Artikel über die Sozialstrukturen in Afrika in den *Cahiers internationaux de sociologie* gleich mehrmals. Der emeritierte Berner Soziologe Peter Atteslander bezeichnet Zieglers Vergleich von unbekannten Gesellschaften auch heute noch als «hoch innovativ». Mit seiner damals in der Schweiz wenig bekannten qualitativen Methode sei Ziegler jedoch «den Erbsenzählern voll ins Messer gelaufen», sagt Atteslander, der damals in Bern das Fach Empirische Sozialforschung lehrte.

Die Kritik dieser Erbsenzähler war jedoch anfangs noch nicht klar auf Ziegler fokussiert. Die Vorbehalte gegen ihn wurden erst 1968 endgültig deutlich, als die Fakultät sich gegen eine Ausweitung seiner Privatdozentur auf einen vierstündigen Lehrauftrag wehrte. Hundertzwanzig Studenten, darunter der ehemalige Preisüberwacher Rudolf Strahm als Erstunterzeichner, hatten in einer Petition eine Aufwertung der Entwicklungssoziologie verlangt. Der Regierungsrat folgte der Forderung schließlich gegen den Willen der Fakultät. Für Ziegler hatte sich neben der aus dieser Protestbewegung entstandenen Sozialdemokratischen Hochschulgruppe sogar Bundesrat Hans-Peter Tschudi als Schweizer Bildungsminister bei der bernischen Erziehungsdirektion eingesetzt.

Doch 1970 versuchte die Fakultät die aufmüpfigen Soziologiestudenten und mit ihnen Dozent Ziegler erneut unter Kontrolle zu kriegen. Staatsrechtler Richard Bäumlin gab in einem Rundschreiben bekannt, auf Wunsch von Hans Merz, dem damaligen Professor für Zivilrecht, habe die Fakultät beschlossen, das Soziologiestudium neu zu konzipieren. Die Soziologie sollte entsprechend diesen Plänen von einem Hauptfach auf ein Nebenfach zurückgestuft werden. Das hatte an sich mit der Lehrtätigkeit von Ziegler nichts zu tun. Merz war übrigens ein guter Freund von Zieglers Vater. Aber er bekundete immer große Mühe, die Auffassungen von dessen Sohn zu goutieren. Das habe er bei jeder Gelegenheit artikuliert, erzählt einer, der damals mit ihm im Verwaltungsrat einer Berner Bank saß.

Mehrere Dutzend Studenten empfanden diese von den Juristen gewünschten Reformpläne als Provokation. Sie besetzten aus Protest das Institut für Soziologie. Klaus Baumgartner, Assistent am Soziologischen Institut und später Berner Stadtpräsident, musste im Auftrag der Institutsleitung die Vermittlerrolle übernehmen. In urchigem Berndeutsch und schon damals immer mit dicker Zigarre zwischen den Lippen, versuchte er, die Studenten zu besänftigen. Diese hatten sich im Garten und auf der Terrasse der gleich hinter dem Hauptgebäude der Universität gelegenen ehemaligen Privatvilla häuslich eingerichtet. Sie wollten mit ihrer Besetzung gleichzeitig auch gegen die verschleppte Beförderung von Ziegler vom nebenamtlichen zum außerordentlichen Professor demonstrieren. Sie hatten den Verdacht, Ziegler sei ein Opfer von Intrigen innerhalb der Fakultät. Staatsrechtler Bäumlin versuchte diese Vorwürfe an einer Pressekonferenz zu widerlegen. Nicht Intrigen, sondern eine ganze Anzahl von Gutachten zu Zieglers wissenschaftlicher Qualifikation sowie zu dessen Habilitation seien für die Fakultät bei ihrem Entscheid, ihn nicht zu befördern, ausschlaggebend gewesen.

Doch das war eine Schutzbehauptung. Erstens standen die gegen Ziegler ins Feld geführten Gutachten auf derart schwachen Füßen, dass sie von der Fakultät unter Verschluss gehalten werden mussten. Und zweitens dozierten zu dieser Zeit an der rechts- und wirtschaftswissenschaftlichen Fakultät Professoren, die sich nie mit einer Habilitation für ihren Lehrstuhl qualifiziert hatten. Da das damals nur Eingeweihte wussten, wurde es nie thematisiert. Der heutige Ringier-Chefpublizist Frank A. Meyer, damals Mitarbeiter des Bieler Pressebüros Cortesi, erhärtete mit seinen Recherchen die Verschwörungstheorie der Studenten. Er legte eine von SVP-Nationalrat Walter Hofer lancierte Kampagne offen. Auch Helen Stotzer, heute Sprecherin des Bundesamtes für Berufsbildung und Technologie, hat 2002 in ihrer Arbeit *Geschichte der Soziologie an der Universität Bern von ihren Anfängen bis zur Gegenwart* bei der Durchsicht dieser im Archiv der Fakultät gelagerten «Gutachten» festgestellt, dass es bei den gegen Ziegler vorgebrachten Einwänden um politische Motive ging. Man wollte den linken Dozenten kaltstellen. Der liberale Soziologe Peter Atteslander bezeichnet heute das damalige Vorgehen der Fakultät als einen «Skandal».

Mitte der achtziger Jahre gab es an der rechts- und wirtschaftswissenschaftlichen Fakultät einen weiteren Versuch, Ziegler loszuwerden – allerdings, wie auch alle darauffolgenden, erfolglos. Der achtundsechzigjährige Direktor des Soziologischen Instituts, Walter Rüegg, ließ in einem an Ziegler gerichteten Brief eine mögliche Aufkündigung seines seit neunzehn Jahren bestehenden vierstündigen, unbefristeten Lehrauftrags durchblicken. Er vergaß dabei, dass er gar nicht die Kompetenz zu einer solchen Maßnahme hatte. Prompt wurde er vom Dekan zurückgepfiffen. Bei dem Schreiben handle es sich um einen «Lapsus von Prof. Rüegg», korrigierte der Dekan. Das Wahl- und Abberufungsorgan für Dozenten sei der Regierungsrat, wurde Rüegg belehrt. Der Vorfall illustriert die Zustände, die über lange Zeit am Soziologischen Institut herrschten.

Ab 1976, als Zieglers *Eine Schweiz – über jeden Verdacht erhaben* erschien, wurde seine Uni-Karriere ohnehin von einem unaufhörlichen politischen Hintergrundrauschen begleitet, besonders, als an der Universität Genf seine Ernennung zum ordentlichen Professor zur Debatte stand. Seine Parteigenossin, die Genfer Philosophin Jeanne Hersch, startete kurz nach der Publikation von Zieglers Buch eine Kampagne gegen seine Berufung. Da Hersch vor allem in bürgerlichen Kreisen sehr populär war, wurden ihre Argumente von den Medien schweizweit aufgenommen. Aber auch die sozialdemokratische Presse in der Ostschweiz stellte sich hinter Hersch. In der Genfer SP hingegen war die Philosophin weitgehend isoliert. So trat sie im Gegensatz zur Partei für die atomare Bewaffnung der Schweiz ein. Zu Beginn der siebziger Jahre wechselte Hersch zum Groupe romand de Berne, einer vornehmlich aus Bundesbeamten zusammengesetzten SP-Sektion.

Dass Zieglers universitäre Karriere plötzlich gefährdet schien, war überraschend. Denn er lehrte seit 1972 als außerordentlicher Professor an der Universität Genf, und sein Lehrauftrag war seither nie in Frage gestellt worden. Im März 1976 hatte das Rektorat im Einvernehmen mit der Fakultät seine Berufung zum ordentlichen Professor beschlossen. Da die Bestätigung durch die Genfer Regierung lediglich Routinesache war, wurde Ziegler bereits im Sommer im Vorlesungsverzeichnis für das Wintersemester 76/77 als ordentlicher Professor aufgeführt. Obwohl sein Buch in Frankreich und in der Westschweiz zu dieser Zeit bereits in den Buchhandlungen lag, war seine Ernennung in der Öffentlichkeit noch kein Thema. Zum Politikum wurde es erst, als im Herbst im Luchterhand Verlag die deutsche Ausgabe erschien. Fast zeitgleich stand nämlich Ende Oktober die Bestätigung seiner Wahl auf der Traktandenliste des Genfer Staatsrats. Plötzlich forderte das *Journal de Genève* im Vorfeld der Ratssitzung eine wissenschaftliche Überprüfung von Zieglers Berufung und zweifelte seine Qualifikationen an. Die von der damals renommiertesten Westschweizer Zeitung lancierte öffentliche Debatte veranlasste den Staatsrat, das Dossier an die Uni zur Überprüfung zurückzugeben. Dieser ungewöhnliche Schritt wurde sogar in der Ostschweiz registriert – wenn auch falsch interpretiert. Das *St. Galler Tagblatt* behauptete nämlich, der Staatsrat habe die Berufung abgelehnt.

Nun begann es an der Universität Genf erst richtig zu rumoren. Zweihundert Studenten starteten eine Unterschriftensammlung, solidarisierten sich mit Ziegler und forderten seine Beförderung. Im Dezember griff Jeanne Hersch mit einem Brief an den Rektor der Universität Genf in die Diskussion ein. Obwohl als Philosophin nicht vom selben Fach, stellte sie die wissenschaftliche Qualifikation Zieglers als Soziologe grundsätzlich in Frage. Mehr noch: Sie bestritt, dass Ziegler überhaupt ein Soziologe sei und setzte den Begriff in Anführungszeichen. Hersch räumte zwar ein, dass sie die Anfänge von Zieglers Karriere nur von dritter Seite her kenne und deshalb «persönlich nicht die Garantie für deren Genauigkeit übernehmen» könne. Trotzdem ging sie bei ihrem Angriff sehr ins Detail. Ziegler habe etwa für seine Dissertation in den Rechtswissenschaften nur die Qualifikation «rite», das heißt die schlechteste Note erhalten. Zudem sei seine Habilitation in Soziologie vom renommierten Pariser Soziologen Georges Balandier und von Paul Trappe von der Universität Basel abgelehnt worden. «Seine ganze Universitätskarriere hat Herr Ziegler politischen Pressionen (nahezu Erpressungen) zu verdanken.» Nur ganz beiläufig erwähnte Hersch, worum es ihr eigentlich ging, nämlich um Zieglers jüngstes Buch, in dem er eine Reihe von bekannten Exponenten der Schweizer Politik und Wirtschaft hart angegriffen hatte.

Der Brief löste ein gewaltiges Pressecho aus. Da Jeanne Hersch landesweit eine moralische Autorität war, machte sich kaum ein Journalist die Mühe, ihre Anschuldigungen zu überprüfen. Neben dem *Journal de Genève* unterstützte auch die *Tribune de Genève* Herschs Kampagne gegen «diesen Don Quijote der Revolution». Am 9. Februar 1977 doppelten einundsiebzig Professoren nach, indem sie in der *NZZ* und der *Tribune de Genève* einen Appell gegen die Berufung Zieglers zum ordentlichen Professor publizierten. Seine wissenschaftlichen Qualifikationen seien «mehr als umstritten», hieß es darin. Die Professoren beriefen sich auf «viele Fachvertreter», unter anderem auf einen Jean-Pierre Chrétien, der ein paar Jahre zuvor Zieglers Buch *Le pouvoir africain* einer scharfen Kritik unterzogen hatte. Im Nachhinein zeigte sich allerdings, dass es sich bei diesem Kronzeugen keineswegs um eine wissenschaftliche Autorität, sondern um eine junge akademische Nachwuchskraft, nämlich einen Assistenten der Universität Lille handelte. Unter den Unterzeichnern des Appells waren auffallend viele Mediziner, jedoch kein einziger Soziologe. Einer dieser Professoren, der Basler Historiker Herbert Lüthy, drohte dem Dekan der Fakultät in einem Brief gar: «Wenn dieser Skandal [die Berufung Zieglers] sich wirklich ereignen sollte, so werde ich nicht zögern, Ihnen und Ihrer Fakultät mein Ehrendoktorat mit dem Ausdruck meiner tiefsten Geringschätzung zurückzusenden.»

Doch die Fakultätsleitung ließ sich weder von dieser Drohung noch durch Jeanne Herschs Brief beeindrucken. Im Sitzungsprotokoll vom 14. Dezember 1976 heißt es: «Fräulein Hersch war nicht in der Lage, Beweise für einige ihrer schweren Vorwürfe beizubringen.» So beschloss der Staatsrat im Februar 1977 mit 4 zu 3 Stimmen, der Empfehlung der Universität Folge zu leisten und die Beförderung Zieglers abzusegnen. Der CVP-Politiker Guy Fontanet war das Zünglein an der Waage. Auch wenn er politisch absolut nicht auf der Linie Zieglers lag, war ihm die Meinungs- und Forschungsfreiheit an der Universität ein wichtiges Anliegen. Dem Historiker Lüthy weniger – er machte seine Drohung sofort wahr und gab seinen Ehrendoktor zurück.

Beide von Hersch als Zeugen angeführten Professoren, sowohl Balandier als auch Trappe, distanzierten sich im Nachhinein von den Behauptungen der Philosophin. Trappe hatte gar nichts mit Zieglers Habilitation zu tun. Und Balandier hatte die Habilitationsschrift, anders als von Hersch dargestellt, seinerzeit angenommen. Er hatte sie zusammen mit dem Berner Soziologen Kurt B. Mayer und Jean Duvignaud von der Universität Tours begutachtet. Die Arbeit hieß *Etude de certains concepts d'organisation sociale et de leur influence sur la construction des nouveaux Etats nationaux principalement d'Afrique centrale et orientale.* Sie kam später unter dem marktgängigeren Titel *Le Pouvoir africain* in die Buchhandlungen. Balandier, der während der ganzen Kampagne in Griechenland weilte, versicherte Ziegler in einem Brief seine Unterstützung. Er habe der Berufungskommission damals eine positive Empfehlung abgegeben, und er habe vor Ziegler als Soziologe große Hochachtung. Peter Atteslander, Mitglied dieser Berufungskommission, sagt heute, der Antrag an die Genfer Regierung zur Beförderung von Ziegler sei einstimmig gefällt worden.

Diese Berichtigungen wurden in der Öffentlichkeit kaum zur Kenntnis genommen. Die Vorwürfe von Jeanne Hersch wurden noch während Jahren in Presseartikeln wiederholt. Es wurde auch weiterhin behauptet, Ziegler habe für seine Dissertation nur ein «rite» (ausreichend) erhalten, tatsächlich war es ein «cum laude» (gut).

Die tieferen Motive für Jeanne Herschs Kampf gegen Zieglers Ernennung sind vielen Beteiligten auch heute nicht ganz klar. Der umfangreiche Nachlass der Philosophin ging nach ihrem Tod im Jahr 2000 erstaunlicherweise nach Zürich und nicht nach Genf. Für alt Ständerätin Monika Weber, Mitherausgeberin eines Jeanne Hersch gewidmeten Sammelbands, gibt es noch ein weiteres Geheimnis, nämlich vier Schachteln unter dem Titel «Affaire Ziegler», Ziffer 3.1, die Hersch sperren ließ. Für Ziegler ist die Erklärung denkbar, dass für die ursprünglich aus Polen stammende Jüdin Hersch alles, was mit dem Marxismus zu tun hatte, aufgrund der Erfahrungen ihres Herkunftslands mit dem Sowjetkommunismus besondere Ängste auslösten. Allenfalls könnten ihr zugespielte Informationen aus Zieglers umfangreicher Polizeifiche entsprechende Befürchtungen genährt haben. Das sind jedoch Spekulationen. Ziegler selbst würde eine vollständige Öffnung des Nachlasses von Hersch begrüßen.

Ziegler scheint gegenüber Hersch nicht nachtragend zu sein. «Für mich bleibt Jeanne Hersch trotz ihrer unlösbaren Widersprüche eine unerhört vitale, kluge, mutige Frau, die unserer Universität und unserem Land zur Ehre gereicht», schrieb er in seinem Nachruf auf sie.

Der weiße Neger
Zieglers Faszination für Afrika

Seit seinem Afrika-Aufenthalt als Assistent bei der United Nations Operation Congo hat die Passion für den Schwarzen Kontinent Ziegler nie mehr losgelassen. Sie war der Grund, dass er sich in Entwicklungssoziologie spezialisierte. Die fremden Kulturen waren für Ziegler jedoch mehr als nur Studienobjekt – er tauchte richtig ein in diese Welt. Und je öfter Ziegler in Afrika weilte, desto stärker übernahm er die Optik der Schwarzen, soweit es für einen im Westen aufgewachsenen Weißen überhaupt möglich ist. Régis Debray, in den sechziger Jahren ein Kampfgefährte Che Guevaras in Bolivien, nannte seinen Schweizer Freund deshalb einmal einen «weißen Neger». Mit dieser Charakterisierung treffe er ins Schwarze, sagt Raoul Ouedraogo, ein Afrikaner aus Burkina Faso.

Als junger Gymnasiast bekam Ouedraogo durch Zufall Zieglers Buch *Main basse sur l'Afrique. La recolonisation* in die Hände, und sein erster Gedanke war: «Wie kann ein Weißer unsere Situation nur so treffend beschreiben?» Durch seine Lektüre fühlte er sich in seinen Ansichten weitgehend bestätigt. Wie Ziegler war er ebenfalls davon überzeugt, dass die Länder Afrikas ähnliche Probleme haben – wie auch seine Heimat, das damalige Obervolta und heutige Burkina Faso. Zieglers Analyse lieferte ihm den theoretischen Rahmen für seine subjektiv gewachsenen Ansichten. Ouedraogos Vater, der als Agronom damals für die Regierung oft zu internationalen Tagungen und Messen reiste, hatte das Buch seinem Sohn aus Europa mitgebracht.

Der junge Ouedraogo war damals Mitglied einer politischen Gruppe, die den panafrikanisch-sozialistisch orientierten Oppositionsführer Thomas Sankara unterstützte. Obwohl er aus einer gesellschaftlich einflussreichen Familie stammt, hatte er als Schüler unter der harten Repression der damaligen Militärregierung zu leiden. «Wir wurden bei Protestdemonstrationen oft auf den Polizeiposten geschleppt und dort brutal zusammengeschlagen», erinnert sich Ouedraogo. Er war in einem derart repressiven Klima aufgewachsen, dass er davon ausging, Ziegler sei bestimmt nicht mehr am Leben. Denn wer das Risiko auf sich nehme, derart kritische Bücher zu schreiben, könne wohl kaum ein anderes Schicksal haben als den Tod.

Eines Tages vernahm Ouedraogo am Radio voll Erstaunen, Ziegler werde demnächst in Ouagadougou einen Vortrag halten. Ziegler war von Thomas Sankara, der mittlerweile die Macht übernommen hatte, in das westafrikanische Land eingeladen worden. Sankara hatte im Gefängnis ebenfalls Zieglers Buch gelesen. Wenige Monate, nachdem er mit seinen Offizierskollegen einen Volksaufstand organisiert hatte und zum Staatschef geworden war, rief er Ziegler an Weihnachten 1983 an. Er meldete sich mit den Worten: «Hier spricht Hauptmann Sankara. Ich möchte mit Professor Ziegler sprechen.» Der militärische Ton löste bei Ziegler, der den Namen vorher noch nie gehört hatte, Befremden aus. «Könnten Sie nicht nach Ougadougou kommen, um über Ihr Buch zu sprechen?», fragte Sankara. Ziegler war vorher noch nie in diesem ärmsten Land Afrikas gewesen. Schließlich begann ihn der unbekannte Anrufer doch zu interessieren. Da zufällig die Semesterferien bevorstanden, nahm er die Einladung nach einigem Zögern an. Aus der dann stattfindenden Begegnung sollte sich eine enge Freundschaft entwickeln.

Bei dem Vortrag in der Militärakademie saß auch Ouedraogo unter den Zuhörern. «Ich war der einzige Jugendliche. Ich fühlte mich sehr gehemmt», erinnert er sich. Trotzdem nahm der Gymnasiast all seinen Mut zusammen und richtete eine Frage an den Referenten. Daraus wurde ein anhaltender Dialog – Ouedraogo war einer der wenigen Anwesenden, die bereits ein Buch von Ziegler gelesen hatten.

Beim anschließenden Empfang erkundigte sich Ziegler bei Ouedraogo, was er studiere. Er müsse erst mal seinen Schulabschluss machen, bevor er ans Studieren denken könne, gab Ouedraogo zurück. Ziegler riet ihm, unbedingt ein Soziologiestudium zu erwägen. Damit werde er die Probleme seiner Heimat noch besser verstehen können. Bei der Verabschiedung forderte er ihn auf, ihm zu schreiben, sobald er so weit sei.

Nach der Schule absolvierte Ouedraogo sein Soziologiestudium dann allerdings nicht in Genf, sondern in Besançon, da die Lebenskosten in der Schweiz für ihn viel zu hoch waren. Weil er kein Stipendium hatte, musste er mit verschiedenen Teilzeitjobs schwarz Geld verdienen. In den Semesterferien arbeitete er oft in einer Restaurantküche in Genf, und so blieb er auch weiterhin in Kontakt mit Ziegler.

Kurz nach Abschluss seiner Licence im Jahr 1987 fand in Burkina Faso ein Putsch statt. Premierminister Sankara wurde von seinem Mitstreiter und Freund Blaise Campaoré ermordet. Sankara hatte die Beamten des Staatsapparats und die Gewerkschaften gegen sich aufgebracht, weil er deren Einfluss zurückzudämmen versuchte, um den Anliegen der wirklich Unterprivilegierten, nämlich der Bauern und der Frauen, besser gerecht werden zu können. In der Folge hatte er auch einen Teil des Militärs und der Beamten gegen sich. Ouedraogo konnte als Anhänger Sankaras nicht mehr in seine Heimat zurückkehren – er musste befürchten, bei seiner Ankunft verhaftet zu werden.

So schlug sich der frischgebackene Soziologe mit Gelegenheitsarbeiten durch. Er eröffnete unter anderem in Genf eine Librairie d'échange, in der man gegen Abgabe eines Buchs ein anderes auswählen konnte. Ziegler besuchte ihn dort häufiger und offerierte ihm schließlich eine Arbeit an der Universität, und zwar für eine vom Schweizerischen Nationalfonds finanzierte Studie über die im frankophonen Afrika entstandene basisdemokratische Conférence nationale. Diese Bewegung ging ursprünglich von Benin aus und fasste sukzessive auch in anderen westafrikanischen Staaten Fuß. Diese Körperschaften der Zivilgesellschaft, in denen alle Bevölkerungsgruppen vertreten waren, versprachen, so Zieglers Hypothese, in Afrika eine demokratische Alternative zu den dortigen autoritären Regimes zu werden.

Ouedraogo erhielt am Soziologischen Institut der Universität Genf eine Assistentenstelle, die es ihm ermöglichte, vier Studenten für das Projekt zu engagieren. Nach Abschluss der Studie arbeitete er noch mehrere Jahre für Ziegler als Assistent und schrieb in dieser Zeit bei ihm eine Dissertation über die Wahrheitskommission in Südafrika. Durch die Konfrontation von Tätern mit ihren Opfern wurden mit dieser neuartigen Institution die während des Apartheidregimes verübten Verbrechen aufgearbeitet.

Ouedraogo wurde im Lauf der Jahre zu einem persönlichen Vertrauten Zieglers. Als Ziegler Anfang der neunziger Jahre wegen seines Buchs *Die Schweiz wäscht weißer* erneut eine Welle des Protests auslöste, vermied er es für eine Weile, sich mehr als unbedingt nötig öffentlich zu exponieren. Der libysche Revolutionsführer Muammar al-Ghadhafi hatte Ziegler wiederholt zu Diskussionen eingeladen. Nun gab er diese Einladungen an Ouedraogo weiter, um seinen Gegnern keine zusätzlichen Angriffsflächen zu bieten. Zehn Jahre zuvor hatte Ziegler in der Westschweizer Tageszeitung *24heures* noch vorgeschlagen, Ghadhafi in die Schweiz einzuladen, was große Empörung ausgelöst hatte. Der politische Kontext war damals jedoch ein ganz anderer gewesen, der libysche Staatschef hatte noch nicht die Rolle eines exzentrischen Querulanten gespielt, sondern war bemüht gewesen, die gestürzte korrupte Monarchie König Idris des I. durch eine Art arabischen Sozialismus zu ersetzen.

Als Ghadhafi Ende der Achtzigerjahre einen «Menschenrechtspreis» mit zehn Millionen Dollar ins Leben rief, wurde auch Ziegler für den Stiftungsrat angefragt. Da Genf als Sitz der Stiftung vorgesehen und diese somit schweizerischem Recht unterstellt war, glaubte er etwas blauäugig, damit sei auch eine gewisse Unabhängigkeit gewährleistet. Ziegler betonte allerdings schon damals gegenüber der Westschweizer Zeitschrift *L'Hébdo*: «Ich bin kein Freund des libyschen Regimes.» Er sei sich voll bewusst, dass er mit dieser Mitarbeit ein gewisses Risiko eingehe, doch dies sei bei seinem Kampf für die Interessen der armen Länder unvermeidlich. Ab Anfang der Neunzigerjahre, als sich Libyens Rolle beim Anschlag auf das Pan-American-Flugzeug bei der Stadt Lockerbie abzeichnete und Ghadhafi sich immer mehr international isolierte, ging Ziegler auf Distanz. Er schickte jeweils Ouedraogo nach Libyen, wenn er von dort eine Einladung erhielt.

So wurde Zieglers Assistent unter anderem eingeladen, im Komitee mitzuwirken, das die Preisträger auswählte. Einer der Preisträger war Nelson Mandela, der erste schwarze Präsident Südafrikas, den Ziegler ebenfalls kennt. 2002 hätte auch Ziegler diesen mit 100 000 Franken dotierten Preis erhalten sollen. Er lehnte ihn aber ab – mit der Begründung, es sei unvereinbar mit seinem Uno-Mandat als Sonderberichterstatter für das Menschenrecht auf Nahrung. Diese Begründung wurde ihm in den Schweizer Medien allerdings als diplomatische Ausflucht ausgelegt, als ein Vorwand, sich

*Ziegler kennt nicht nur den libyschen Revolutionsführer
Muammar al-Ghadhafi …*

nicht öffentlich von Ghadhafi distanzieren zu müssen. Ouedraogo hat eine andere Erklärung: «Ziegler hat sich nie von
irgendwem instrumentalisieren lassen, auch nicht von
Ghadhafi. Er ist absolut nicht käuflich.» Diese Unbestech-
lichkeit sei auch der Grund für den hervorragenden Ruf, den
er in Afrika genieße.

Ziegler führt seine Popularität auf dem Schwarzen Kontinent darauf zurück, dass er dem durch die kommunistischen
Parteien in Verruf gebrachten Marxismus dort ein neues Gesicht gegeben habe. Als die KP Frankreichs in den fünfziger
Jahren die Kolonialpolitik ihrer Regierung unterstützt habe,
hätten sich viele Afrikaner enttäuscht vom Marxismus abge-
wandt. Er hingegen habe den Afrikanern in seinen Schriften
gezeigt, dass die offizielle Position der KPF nichts mit Marxismus zu tun habe und dass die antikolonialen Befreiungsbewegungen im internationalen Klassenkampf vielmehr
eine wichtige Rolle spielten.

… sondern auch Nelson Mandela, den ersten schwarzen Präsidenten Südafrikas.

Wie dem auch sei: Als Ouedraogo auf seinen Reisen in Afrika wiederholt feststellte, dass sein Chef dort eine große Glaubwürdigkeit besitzt, scheute er sich nicht, das zuweilen auch für sich selbst auszunützen. So hatte er einmal bei der Einreise nach Togo Schwierigkeiten mit seinen Papieren, worauf er sich beim Zöllner beklagte, es sei wirklich enttäuschend, als Assistent des Soziologen Jean Ziegler derart schikaniert zu werden. Das hätte er ihm doch gleich sagen sollen, meinte der Beamte, denn er habe Ziegler für seinen Mut und seinen Einsatz für die Armen immer bewundert. Er ließ Ouedraogo anstandslos passieren.

Ein anderes Mal war Zieglers Assistent auf einer Reise nach Mali. Der Bus wurde an der Grenze angehalten, und alle

Passagiere hatten ihr Gepäck zu öffnen. Als der Grenzer im Koffer von Ouedraogo einige Bücher von Ziegler entdeckte, begann er ihn in eine lange Diskussion über die Probleme Afrikas und die Einmischungsversuche des Auslands zu verwickeln. Die übrigen Passagiere mussten derweil in der brütenden Hitze etwa eine Stunde warten, bis sie die Reise fortsetzen konnten.

Ouedraogo arbeitete während acht Jahren mit Ziegler zusammen und war in dieser Zeit an den Recherchen für mehrere seiner Bücher beteiligt. In den Semesterferien seien sie oft die einzigen im leeren Uni-Gebäude gewesen. Zwischendurch habe er Ziegler zum Kaffeetrinken geholt. Doch das habe diesem manchmal gar nicht gepasst. «Wenn er hörte, dass ich auf sein Büro zulief, unterbrach er das Tippen auf seiner uralten Brother-Maschine und tat so, als sei er nicht da», erinnert sich Ouedraogo. Ziegler wollte ganz offensichtlich bei der Arbeit nicht gestört werden.

Ziegler schreibt immer noch auf dieser alten Schreibmaschine. Als die Universitätsleitung die letzten Dozenten dazu bringen wollte, auf die Elektronik umzusteigen, wurde auch Ziegler ein PC-Einführungskurs angeboten. Da er aber keine Lust hatte, mit anderen Computer-Muffeln die Schulbank zu drücken, bat er Ouedraogo, ihn in die Geheimnisse der neuen Technik einzuführen. Bereits in der ersten Lektion wurde es schwierig; Ziegler wollte partout nicht verstehen, wozu die Maus gut sein solle. Als Ouedraogo zur zweiten Stunde erschien, gab ihm Ziegler das Kursgeld und schickte ihn wieder nach Hause.

Ziegler kann mit gewissen technischen Neuerungen überhaupt nichts anfangen. Auf die Frage, weshalb er mit seinem gewaltigen Output an Büchern auf die Vorteile des Computers verzichte, hat er eine erstaunliche Erklärung: «Ich bin eben in gewissem Sinne abergläubisch. Ich habe Angst, dass dann meine Hand auf der Tastatur meinem viel langsameren Gedankengang davoneilt.» Denken und Schreiben müssten im selben Tempo voranschreiten. Sein Kopf brauche bei der Entwicklung der Gedanken seinen eigenen Rhythmus, und zwischen Hand und Gehirn gebe es eine mysteriöse Dialektik, eine Wechselwirkung. Ziegler ist davon überzeugt, dass der Computer das Denken zerstört. «Der Cyberspace ist die totale Entfremdung.» Das ist deshalb erstaunlich, weil gerade die zivilgesellschaftlichen Oppositionsbewegungen, in die Ziegler derart große Hoffnungen setzt, ohne die Social Communities im Internet kaum denkbar wären. Die Protestbewegung, die 2011 das Mubarak-Regime in Ägypten zu Fall brachte, oder jene ein Jahr zuvor gegen Sarkozys Rentenreform in Frankreich hätten ihre Breitenwirkung ohne Facebook und Twitter nicht entfalten können.

Ziegler schreibt seine Bücher, zum Teil von Hand, in einem Bistro oder im Zug sitzend oder in seinem kleinen Büro zu Hause, mit dem Zweifingersystem auf seiner mechanischen Schreibmaschine, neben sich die handgeschriebenen Notizen. Er klebt die verschiedenen Teile des Textes zusammen oder tackert sie aneinander. Das Manuskript geht dann zur Abschrift an Arlette Salin, der Sekretärin, die schon während seiner Zeit an der Universität für ihn arbeitete. Anschließend kommt es zur Überarbeitung an ihn zurück.

Ziegler ist sich zwar bewusst, dass das Bücherschreiben auf dem Computer viel schneller und einfacher gehen würde. Aber genau davor hat er Angst. Die rund dreißig bis vierzig Mails, die er jeden Tag erhält, druckt ihm seine Frau aus und legt sie ihm auf den Schreibtisch. Er antwortet dann meist per Telefon oder mit einem handgeschriebenen Brief. Den Fernseher benutzt er fast nie, ein Mobiltelefon hat er nicht, er würde sich damit dauernd überwacht fühlen, sagt Ziegler. Das Festnetztelefon benutzt er hingegen rege, er telefoniert jeden Tag stundenlang, wenn er unterwegs ist, oft aus einer der wenigen noch übrig gebliebenen Telefonkabinen.

«Schreiben ist für ihn ein Zwang», sagt seine Frau Erica. Ihr Mann stehe morgens auch heute noch oft um sechs Uhr auf und beginne zu schreiben. Seine Frau redigiert die Texte und gibt ihm Hinweise, inhaltlich wie sprachlich. Ziegler verwechsle oft die Zeiten und setze zum Beispiel das Passé composé anstelle des Imparfait. Auch mache er viel zu kurze Sätze, kritisiert sie. Seit er nicht mehr an der Uni lehre, sei er jedoch nicht mehr so stark im Soziologenjargon verhaftet wie früher. Seine Frau ist seine Sparringpartnerin, seit sie sich Anfang der Siebziger an der Universität kennengelernt haben. Mit ihrer Kritik kann sie manchmal unerbittlich sein. Als Ziegler ihr seinerzeit das Manuskript von *Eine Schweiz – über jeden Verdacht erhaben* zeigte, befand sie den Text als «viel zu seicht». Später musste sie einsehen, dass sie sich gewaltig getäuscht hatte – bei dem großen Wirbel, den er auslöste.

Zieglers Technikaversion und seine archaische Arbeitsweise passen gut zu seinem Hang zur Mystik, zum Irrationalen. Den Begriff des Mysteriums verwendet er immer wieder, wenn er etwas zu erklären versucht, für das er keine Antwort hat. «Was der Mensch tun wird, nachdem er sich aus den Zwängen der kapitalistischen Gesellschaft befreit hat, ist das Mysterium der Geschichte», sagt er etwa. Der bekennende Marxist ist zumindest erkenntnistheoretisch gesehen alles andere als ein Materialist. Seit der frühen Jugend fühlt er sich vom Transzendenten, vom Übersinnlichen angezogen. Das erklärt wohl auch seine Faszination für den Animismus, für die Religionen indigener Völker, die Ziegler in Afrika kennenlernte.

Der Kontakt zu diesen Stammesgesellschaften führte ihn 1968 zur afrikanischen Diaspora nach Brasilien. Der Schweizerische Nationalfonds hatte sich bereit erklärt, Ziegler eine vergleichende Studie der Sozialstruktur im Kongo und bei den Nachfahren der Sklaven im größten Land Lateinamerikas zu finanzieren. Millionen Afrikaner waren seit Mitte des 16. Jahrhunderts und bis ins 19. Jahrhundert hinein nach Südamerika verschleppt worden. In Brasilien waren es vorwiegend Angehörige der Yoruba, die als Religion das sogenannte Candomblé praktizierten, ein Glauben und damit verbundene Riten, die für das Überleben und die Identität der Sklaven in der feindlichen Umgebung wichtig waren. Zwar verbot die katholische Kirche Candomblé, doch durch die mündliche Überlieferung lebt es fort bis heute.

Ziegler war von der Ursprünglichkeit dieser Kultur fasziniert. In den sechziger und siebziger Jahren reiste er zwei- bis dreimal pro Jahr in den Bundesstaat Bahia und betrieb dort Feldstudien. Salvador de Bahia bezeichnet er seither immer wieder als seine eigentliche Heimat. Die Yawalorixá, die Priesterinnen, erzählten ihm von ihren Göttern, ihrer Kosmogonie und von ihren Riten. Ziegler sog diese Kultur in sich auf und gewann damit noch mehr Distanz zu seiner Herkunft. «Von nun an betrachte ich meine ursprüngliche Kultur als feindlich: Ich habe mich der afrikanischen Kultur wie einer langersehnten Frau verbunden», schrieb er.

Den 2009 verstorbenen Schriftsteller und Lateinamerika-Kenner Hugo Loetscher veranlasste dies, Ziegler einen privaten Rückzug ins Exotische vorzuwerfen. Ziegler verteidigte sich und relativierte: «Nein, obwohl ich sie ablehne, gehört die Kultur, aus der ich komme, zu mir.» Für ihn war es nicht eine Flucht aus seinem Herkunftsmilieu, sondern eine neue Sicht auf seine Vergangenheit, die er hier entdeckte. Der Vorwurf, er verkläre die afrikanische Kultur, wurde ihm allerdings auch vom senegalesischen Soziologen Jean-Pierre N'Diaye 1971 in der Zeitschrift *Jeune Afrique* gemacht. Die von Ziegler beschriebenen Traditionen in Afrika und Brasilien hätten viel eher einen defensiven und nicht einen konstruktiven Charakter, wie Ziegler behaupte.

Ziegler ließ sich jedenfalls überwältigen von dieser dem westlichen Rationalismus fremden Kultur. Eine von ihm erzählte Anekdote illustriert das deutlich. In Salvador de Bahia sei er einmal, noch als junger Soziologe, sehr krank geworden. Um ihn zu heilen, hätten sich die Priesterinnen, die Yawalorixá, in eine Trance getanzt und dazu Muscheln geworfen. Auf diese Art hätten sie herausgefunden, welche Krankheit er habe, und seinen Körper mit entsprechenden Heilkräutern bedeckt. Die hätten gewirkt, denn er habe sich erholt und sei sehr schnell wieder gesund geworden.

Von den Babalorixá, den obersten Priestern des Terreiros, erfuhr er bei dieser Gelegenheit auch, wie die Afro-Brasilianer mit dem Tod umgehen und welche Bedeutung er für sie hat. Im Gegensatz zu unseren westlichen Industriegesellschaften lebt für diese Menschen der Tote unter den Lebenden, er wird nicht aus der Gesellschaft und dem Bewusstsein beseitigt. Der Tod ist Teil des Alltags. Obwohl in der westlichen Kultur aufgewachsen, verdrängt auch Ziegler den Tod nicht. Die Gewissheit, dass alles ein Ende haben wird, beschäftigte ihn stark, und das seit jeher, nicht erst im fortgeschrittenen Alter. Er spricht sehr oft vom Finale des Lebens, ein unabänderliches Faktum, das er mit Sartre aber einen «Skandal» nennt. Ziegler gibt unumwunden zu, dass er eine unheimliche Angst davor hat. «Jeder Tod ist ein Mord», sagt er, Sartre zitierend.

Ziegler brach also damals sein begonnenes Forschungsprojekt ab und begann, die Beziehungen dieser Kultur zum Sterben zu erforschen. Dabei versuchte er einen Vergleich mit der euroamerikanischen Kultur des Todes zu ziehen. In der westlichen Gesellschaft passe der Tod einfach nicht in die auf ihre Funktionsfähigkeit angewiesene, produzierende und konsumierende kapitalistische Gesellschaft, so Ziegler. Bei uns ist der Tod ein Störfaktor und nicht einfach eine Etappe im menschlichen Dasein, wie in den afrikanischen Stammesgesellschaften und ihrer Diaspora der Afro-Brasilianer. Dort geht nach dem rituell begleiteten Sterben die Reise weiter, und die Lebenden verfügen sogar über Rituale, um mit den Toten zu kommunizieren.

Aus dieser Feldforschung entstand das Buch *Die Lebenden und der Tod*, das 1977 auf Deutsch erschien und mittlerweile zum Klassiker der Todessoziologie wurde. Es sei Ziegler gewesen, der ihn für diese im tropischen Regenwald zurückgezogen lebende Gesellschaft interessiert habe, schrieb der französische Ethnologe und Soziologe Georges Balandier in seinem Buch *Histoire d'Autres*. Ziegler wird seither in Brasilien in fast jeder Bibliographie über das Candomblé erwähnt. Aber nicht nur unter Anthropologen, Ethnologen und Soziologen, sondern auch einem größeren Teil der brasilianischen Öffentlichkeit ist Ziegler bekannt. «Unbeliebt ist er dort eigentlich nur bei den Auslandschweizern, weil er ihre ferne Heimat immer wieder kritisiert», sagt sein in Rio de Janeiro lebender Freund, der Mathematikprofessor Jacques Mercier.

Im finanziellen Würgegriff
Ziegler in den Mühlen der Justiz

Aus der Faszination für Afrika war bei Ziegler früh das Interesse für die Beziehungen der Schweiz zur Dritten Welt erwachsen. Ziegler gelangte zur Überzeugung, dass die Schweiz für die Misere der armen Länder nicht nur mitverantwortlich sei, sondern bei der wirtschaftlichen Ausbeutung des Südens sogar eine zentrale Rolle spiele. Daraus war 1976 sein erster Bestseller *Eine Schweiz – über jeden Verdacht erhaben* entstanden, der in über ein Dutzend Sprachen übersetzt wurde. Je aggressiver seine Gegner auf ihm herumhackten und je gnadenloser die Rezensenten ihn zerfetzten, desto besser verkauften sich seine Bücher. «Jean Ziegler ist heute in Frankreich eine Marke, ein Brand», sagt Olivier Betourné, Generaldirektor der Editions du Seuil. Betourné hat Ziegler bereits in den Siebzigern als Lektor begleitet. Aus dieser Zusammenarbeit sei eine «amitié affective», eine enge Freundschaft entstanden, sagt der Chef des traditionsreichen Verlagshauses. Auch politisch stehen sich die beiden nahe. Der in einem Glaspalast in der Nähe der Porte Orléans residierende Betourné ist wohl einer der wenigen französischen Wirtschaftsführer, der die Streiks gegen Sarkozys Rentenreform im Herbst 2010 «sympathique» fand. Der ehemalige Maoist stimmt heute regelmäßig für die Sozialisten, ohne Parteimitglied zu sein.

Als Ziegler 1990 seine zweite sich frontal mit der offiziellen Schweiz anlegende Streitschrift, *La Suisse lave plus blanc,* bei Seuil publizierte, war er dort bereits ein sicherer Wert im Verlagsprogramm. Auch die deutsche Übersetzung, *Die Schweiz wäscht weißer,* wurde zu einem Kassenschlager. Ziegler hatte geschafft, was sonst kaum einem Westschweizer Autor gelingt und für den Erfolg entscheidend ist: Er fand Beachtung in Paris.

Die Zürcher Bahnhofstrasse wird in Zieglers Buch als riesige Waschanlage für Mafia- und Drogengelder beschrieben. Im Gegensatz zur Schweiz wurde es in den ausländischen Medien wieder sehr wohlwollend besprochen – und zwar auch in bürgerlichen Blättern, wie etwa im *Figaro*. Das veranlasste den damaligen Schweizer Botschafter in Paris, Carlo Jagmetti, zu einer Stellungnahme, die allerdings nur als Leserbrief abgedruckt wurde. Er beklagte sich bei der Zeitung über den «zynischen Unterton», der in der Buchbesprechung gegenüber der Schweiz durchscheine.

Die Proteste der offiziellen Schweiz wurden in der französischen Öffentlichkeit kaum zur Kenntnis genommen. Ziegler war in allen Medien präsent. Er wurde auch vom Fernsehmoderator Bernard Pivot in dessen berühmte Literatursendung *Apostrophes* eingeladen. Der mittlerweile verstorbene Pierre Bourdieu, einer der einflussreichsten Soziologen und Ethnologen Frankreichs, gratulierte Ziegler nach einem seiner Fernsehauftritte in einem persönlichen Brief. «Mein lieber Freund … es war ausgezeichnet.» Kein Wunder: Bourdieu und Ziegler teilen dieselbe Auffassung von der gesellschaftlichen Rolle des Soziologen. Aus ihrer Sicht ist es seine Aufgabe, Machtbeziehungen zu erkennen und aufzudecken – und damit subversiv zu wirken. «Die Soziologie ist ein Kampfsport», schrieb Bourdieu.

In Frankreich sah man Ziegler bei der Ausübung dieses Kampfsports seit jeher als David im Kampf gegen Goliath – die mächtigen Schweizer Banken. Natürlich war dabei auch etwas Häme gegenüber dem reichen Nachbarland im Spiel.

Die Schadenfreude war in Frankreich groß, wenn «les petits Suisses» mal wieder eins ausgewischt kriegen. Ziegler übermalte das Bild der Schweiz als heiler Welt mit besonders konturiertem Strich.

Wie sein erstes Interventionsbuch war *Die Schweiz wäscht weißer* aber nicht nur in Frankreich ein großer Erfolg. Auch der Verleger Klaus Piper wurde sich sehr schnell bewusst, dass er mit der deutschen Übersetzung auf das richtige Pferd gesetzt hatte. Auch bei ihm waren nicht einfach nur kommerzielle Überlegungen im Spiel. Wie seine französischen Kollegen hegte auch er eine große Sympathie für Ziegler. Seine Bewunderung für den Autor schimmert in einem 1991 an Ziegler gerichteten Brief durch: «Mit Genugtuung möchte ich noch vermerken, dass der Verkauf von ‹Die Schweiz wäscht weißer› nach wie vor sehr gut anhält. Wir sind froh, dass wir zur wichtigen Mission Ihres Buches erfolgreich beitragen konnten.» Doch Piper scheint dann allerdings in der Folge plötzlich Angst vor dem eigenen Mut gekriegt zu haben. Auf eine Intervention der Schweizerischen Bankgesellschaft hin ließ er der bankenkritischen Werbung des Verlags im letzten Moment noch die Zähne ziehen.

Trotz der hohen Auflagen, die sein Buch auf Französisch und auf Deutsch erreichte, wurde Ziegler davon nicht reich, im Gegenteil: Die Honorareinnahmen wurden fortlaufend von Anwaltskosten und Schadenersatzzahlungen aufgefressen. Denn bereits kurz nachdem die ersten Exemplare verkauft waren, wurden Ehrverletzungs- und Schadenersatzklagen gegen ihn erhoben. Zwar hatten drei Juristen das Manuskript der französischen Ausgabe Satz für Satz abgeklopft. Nur um ganz sicher zu sein, hatten sie sogar veranlasst, dass ganze Passagen umformuliert wurden. Rund ein Drittel des Textes wurde weggelassen, weil er juristisch als zu heikel befunden wurde. Doch die Vorsicht konnte die Klagen nicht verhindern.

Bis 1999 hatte Ziegler neun Prozesse in fünf Ländern mit einer Klagesumme von insgesamt 6,6 Millionen Franken am Hals. Da er mehrere dieser Prozesse verlor, blockierten die französischen Behörden die Honorarzahlungen. Ziegler blieb statt dem bisherigen Einkommen von rund 10 000 Franken monatlich noch ein Betrag von 6100 Franken zum Leben. Bis heute haben ihn alle diese Klagen gegen eine Million Franken gekostet. Der einzige, der diesen Prozessen noch eine positive Seite abgewinnen konnte, war Zieglers Sohn Dominique: «Ich war fast ein wenig froh – waren diese Ehrverletzungsklagen doch eine Art Ventil. Die Gegner meines Vaters konnten in der Schadenfreude ihre Befriedigung finden. Die ständigen Drohungen, denen unsere Familie ausgesetzt waren, waren für uns viel schlimmer als diese Prozesse.»

Anders als damals in *Eine Schweiz – über jeden Verdacht erhaben* hatte der Autor diesmal Namen genannt. Der bekannteste unter ihnen war Hans W. Kopp und gehörte dem Ehemann der damaligen Schweizer Justizministerin. 1976 hatten Zieglers Kritiker ihm noch vorgeworfen, er pauschalisiere bei seinen Attacken auf den Schweizer Finanzplatz, und er unterlasse es, seine Thesen mit Beispielen zu untermauern. In seinem neuen Buch wurde er nun sehr konkret. Gegen einige der von ihm angegriffenen Personen und Firmen waren tatsächlich Prozesse wegen Geldwäscherei oder Drogenhandel anhängig. Es fehlte aber in vielen der Fälle eine rechtskräftige Verurteilung, die Ziegler legitimiert hätte, sie öffentlich dieser Delikte zu bezichtigen. Auch wenn er einige recht zwielichtige Gestalten angegriffen hatte, beging er doch einen entscheidenden Fehler: Er hatte sich über die Unschuldsvermutung hinweggesetzt, auf die jeder noch nicht verurteilte Angeklagte in einem Rechtsstaat Anspruch hat.

Ziegler hatte natürlich beabsichtigt – und erwartet –, dass

sein Buch Staub aufwirbeln würde. Doch mit dieser Prozesslawine hatte er nicht gerechnet. Er fiel aus allen Wolken, als er von einem Journalisten der inzwischen eingestellten Westschweizer Tageszeitung *La Suisse* im Frühjahr 1990 erfuhr, dass Hans W. Kopp einige Tage zuvor in Paris eine Ehrverletzungs- und Kreditschädigungsklage gegen ihn und die Editions du Seuil eingereicht hatte. Bis zu diesem Zeitpunkt waren nämlich bereits über 200 000 Exemplare des Buches verkauft. Dem prominentesten seiner Opfer schien es weniger um den Inhalt der Vorwürfe zu gehen, als in erster Linie um ein ganz bestimmtes Schimpfwort, mit dem Ziegler ihn versehen hatte. Es war das Wort «vautour», Geier. Außerdem wurde der Zürcher Wirtschaftsanwalt im Buch mit dem türkischen Drogenbaron Yasar Avni Musullulu in Verbindung gebracht. Und Ziegler behauptete einen direkten Zusammenhang zwischen Kopps Rolle als Vizepräsident der Firma Shakarchi Trading und dem Weißwaschen von Narcodollars. Sein Vorwurf, Kopp habe aus der Funktion seiner Frau als Justizministerin Vorteile gezogen, war hingegen belegt und nicht Gegenstand des Prozesses. Bekanntlich hatte Elisabeth Kopp ihren Mann telefonisch darüber informiert, dass gegen seinen Geschäftspartner Shakarchi ein Verfahren wegen Geldwäscherei laufe. Dieser ominöse Anruf führte dazu, dass die FDP-Bundesrätin immer stärker unter Druck geriet und von ihrem Amt zurücktreten musste.

Kopp fühlte sich von Ziegler in seinem Ruf geschädigt und forderte Schadenersatz in der Höhe von einer Million französischer Franken (was damals etwa 250 000 Schweizerfranken entsprach) sowie die Eliminierung des ihm gewidmeten Kapitels mit dem Titel «Der Niedergang des Hauses Kopp». Der bekannte Zürcher Anwalt – übrigens ein ehemaliger Studienkollege von Ziegler – hatte allerdings vor seiner Klage erst das Resultat zweier anderer Prozesse abgewartet, die im

Zusammenhang mit dem Buch hängig waren. Der gewiefte Stratege hatte quasi als Probelauf eine Ehrverletzungsklage gegen die Wochenzeitschrift *Nouvel Observateur* eingereicht. Der «Nouvel Obs», wie er in Frankreich von den Links-Intellektuellen genannt wird, hatte geschrieben, Kopp habe als Leiter der Shakarchi Trading 1,6 Milliarden Dollar gewaschen. Die Zeitschrift stützte sich in ihrem Artikel auf Zieglers Buch. Kopp gewann den Prozess, der Verlag musste ihm 10 000 Franken Schadenersatz bezahlen.

Auch der Bankier Edmond Safra bekam vor dem Pariser Tribunal de Grande Instance Recht. Der Bankier hatte Ziegler wegen einer Passage verklagt, in der er und seine Trade Development Bank in die Nähe einer Geldwäschereiaffäre gebracht wurden. Bevor er seine Klage einreichte, hatte er mit Ziegler und dem Verlag über die Möglichkeit eines Deals verhandelt. Er bot dem Verlag an, die gesamte erste Auflage aufzukaufen, damit in der Folge nur noch Bücher mit den entsprechenden Korrekturen verkauft würden. Doch Le Seuil lehnte ab. Ziegler und der Verlag verloren den Prozess und wurden zur Zahlung von je 37 000 Franken sowie zur Streichung der betreffenden Passage verurteilt. Das Gericht kam zum Schluss, dass die Herstellung eines Zusammenhangs zwischen dem Bankier und der Wäsche von schmutzigem Geld unzulässig sei.

Fast stärker als dieser verlorene Prozess beschäftigte Ziegler jedoch, dass der aus dem Libanon stammende jüdische Bankier ihn als Teil eines antisemitischen Komplotts betrachtete. Das war der schlimmste Vorwurf, den man Ziegler machen konnte. Zu Hilfe kam ihm sein Freund Elie Wiesel, der eigens nach Genf reiste, um Safra von der Absurdität der Anschuldigung zu überzeugen. Das wirkte – Safra zog den Vorwurf zurück. Denn Wiesels Prestige ist in jüdischen Kreisen groß. 2006 wurde er von der israelischen Regierung gar angefragt, ob er das Amt des Staatspräsidenten übernehmen wolle, was er allerdings ablehnte.

Nach diesen Prozessen, die Ziegler verlor, glaubte Kopp genügend Rückenwind zu haben, um direkt gegen ihn vorgehen zu können. Zwei Monate nach den beiden Urteilen erhob er Klage bei der 17. Kammer des Pariser Strafgerichts. In der Schweiz war es ihm zu diesem Zeitpunkt noch nicht möglich, gegen Ziegler zu prozessieren, weil dieser als Parlamentarier Immunität genoss. Außerdem sah Kopp in Frankreich die Möglichkeit, zwei Fliegen mit einer Klappe zu fangen. Seit der Dreyfus-Affäre Ende des 19. Jahrhunderts werden in Frankreich im Gegensatz zur Schweiz Strafurteile und Zivilklagen in Verlags- und Presseprozessen vor demselben Gericht verhandelt. Neben dieser Besonderheit des französischen Rechtssystems hatte für Kopp der Gerichtsstand Paris einen weiteren Vorteil: In der Schweiz stand das Ehepaar Kopp wegen der Bundesratsaffäre seit längerer Zeit negativ in den Schlagzeilen; in Frankreich war der Schweizer Anwalt ein unbeschriebenes Blatt. Für Ziegler wurde es brenzlig: Neben der Aussicht, eine Strafe zur Genugtuung und eine hohe Buße bezahlen zu müssen, kam für ihn nach Artikel 59 des französischen Strafgesetzbuchs auch noch das Risiko einer Haftstrafe hinzu.

Nicht nur Anwalt Kopp, auch Ziegler erschien im dunklen Anzug vor Gericht. Ziegler war früher auch in seinen Vorlesungen immer wie ein Bankier gekleidet, oft sogar mit Weste. Sein Dresscode hat einige seiner Achtundsechziger-Studenten immer etwas irritiert. «Je radikaler die Ansichten sind, desto kleinbürgerlicher musst du aussehen», begründete er einmal seine elegante Kluft.

So würdig der Rahmen des Prozesses war, so skurril waren die Plädoyers der beiden Parteien. Der Schlagabtausch driftete rasch ins Gebiet der Zoologie ab. So machte Ziegler geltend, die von Kopp beanstandete Bezeichnung «Geier» enthalte überhaupt nichts Ehrenrühriges. Vielmehr sei damit gemeint, dass Kopp eben «wie dieser erhabene, kühne und intelligente Vogel hoch in der Luft kreise und dann im Sturzflug seine Beute greife». Das war nicht unbedingt geheuchelt. Auch gegenüber seinen Gegnern bekundet Ziegler häufig eine gewisse Bewunderung, wenn sie sich durch hohe Intelligenz und Raffinement auszeichnen. Das dürfte auch bei Kopp der Fall gewesen sein. Aber dessen Anwalt, Roland Funk-Brentano, ließ die Argumentation nicht gelten. Ziegler sei in Sachen Tierkunde offenbar ein absoluter Ignorant, hielt er dagegen. Der Geier sei, im Gegensatz etwa zum Adler, alles andere als ein edler Vogel, sondern ein gemeiner Aasfresser. Ziegler habe Kopp mit dieser Bezeichnung in seiner Ehre tief verletzt. Unter den aufgebotenen Zeugen, die bei diesem Prozess einvernommen wurden, befand sich übrigens auch der spätere Bundesrat Moritz Leuenberger, damals Präsident der Parlamentarischen Untersuchungskommission zur Aufarbeitung der Kopp-Affäre.

Das Gericht verurteilte Ziegler und den Verlag zu einer Buße von 750 Franken und einem Schmerzensgeld von 2500 Franken. Außerdem mussten Autor und Verlag das Urteil auf eigene Kosten in drei französischen Tageszeitungen publizieren lassen. Von der Forderung Kopps über 250 000 Schweizerfranken war das Gerichtsurteil sehr weit entfernt. Auch musste das dem Hause Kopp gewidmete Kapitel entgegen der Forderung des Zürcher Anwalts nicht eliminiert werden. Ziegler wurde vom Vorwurf der direkten und indirekten Diffamierung freigesprochen. Seine Behauptung, Kopp handle mit seinen Geschäften unmoralisch, hielt das Gericht nicht für urteilsrelevant. Er durfte den Anwalt jedoch fortan nicht mehr als Geier bezeichnen.

Kopp reichte postwendend Rekurs ein. Er sah sich zu diesem Schritt durch die Tatsache ermutigt, dass die Zürcher Staatsanwaltschaft im Frühjahr 1991 ihre Ermittlungen gegen seinen Geschäftspartner Shakarchi und dessen Gesellschaft wegen Geldwäscherei mangels Beweisen hatte einstellen müssen. Zwar war Kopps Ruf recht angeschlagen. Er war eben vom Zürcher Obergericht wegen Betrug und Urkundenfälschung zu einer bedingten Gefängnisstrafe verurteilt worden. Doch diese Delikte hatten mit dem gegen Ziegler geführten Rechtsstreit nichts zu tun.

Nun erschien Ziegler mit neuer Munition zur Gerichtsverhandlung in Paris. Er legte den Richtern je ein vertrauliches Dokument der amerikanischen Drug Enforcement Administration und des Geheimdienstes CIA vor. Die Papiere waren ihm von einem amerikanischen Diplomaten zugespielt worden. In einem dieser Dokumente wurde den Gesellschaften von Shakarchi die Wäsche von Drogengeldern vorgeworfen, was Zieglers Behauptung zu stützen schien. Beide Berichte waren in einer recht eindeutigen Sprache abgefasst: «Shakarchi verdient jeden Tag mehrere Millionen Dollar mit einem Mix von Geschäften aus Gewinnen mit dem Heroinhandel, Morphium, Haschisch zusammen mit Edelsteinen und Waffen auf dem Schwarzmarkt im Mittleren Osten.» Zudem hieß es darin, Shakarchi-Vize Hans W. Kopp sei im Narcotics and Dangerous Drugs Indexing System fichiert. Dies waren zwar rechtlich keine wasserdichten Beweisstücke. Doch die Anschuldigungen von seiten offizieller amerikanischer Stellen waren dem Gericht doch immerhin Grund genug, Kopp mit seinem Rekurs abblitzen zu lassen. Trotzdem empfand Ziegler den Prozessausgang gesamthaft gesehen als schweren Schlag gegen ihn, denn der Teilsieg Kopps hatte eine Signalwirkung: Eine ganze Reihe weiterer von Ziegler an den Pranger gestellter Personen, für die das Risiko hoher Prozesskosten keine große Rolle spielte, fühlte sich animiert, gegen den vor dem finanziellen Ruin stehenden Autor gerichtlich vorzugehen.

Der Damm war gebrochen. Ein Prozess folgte dem andern, wobei einige der Verfahren andere Ziegler-Bücher betrafen. Bis zum Sommer 1991 war er zur Zahlung von insgesamt mehreren 100 000 Franken verurteilt. Erschwerend kam hinzu, dass das eidgenössische Parlament im Juni desselben Jahres mit 97 gegen 72 Stimmen beschloss, Zieglers Immunität aufzuheben. Ziegler handle mit seiner schriftstellerischen Tätigkeit außerhalb des Rahmens seines Parlamentsmandats, wurde im Rat von bürgerlicher Seite argumentiert. Das war allerdings eine eher fadenscheinige Begründung, sollte ein Politiker doch in der Lage sein, gegenüber allen Themen und Problemen frei Stellung beziehen zu können. Die von Ziegler thematisierte Geldwäscherei oder die Kapitalflucht aus den Entwicklungsländern waren Themen, zu denen auch das Parlament etwas zu sagen gehabt hätte. Doch genau zu diesen Problemen hatte die Schweizer Politik lange geschwiegen.

Selbst einige Gegner Zieglers warnten vor diesem einschneidenden und folgenschweren Schritt. Denn die Aufhebung der Immunität hatte in diesem Fall eindeutig den Charakter eines Racheakts. Bis zu diesem Zeitpunkt war im eidgenössischen Parlament dieses Privileg einzig im Fall von gemeinen Verbrechen aufgehoben worden. Trotzdem ließ sich die Mehrheit des Nationalrats nicht davon abhalten, dem verhassten Ketzer einen Denkzettel zu verabreichen.

Ziegler konnte nun auch in der Schweiz vor Gericht gezogen werden. Schon bald erhob der Genfer Financier und Hilton-Hotelbesitzer Nessim Gaon, der von Ziegler im Buch *La terre qu'on a* als «Schieber von Erdöl und Baumwolle» bezeichnet wurde, gegen ihn Klage wegen Ehrverletzung. Er forderte eine Wiedergutmachung von 100 000 Franken. Ziegler verlor auch diesen Prozess und wurde 1992 zur Zahlung von rund 15 000 Franken plus Anwaltskosten verurteilt. Da er seiner Zahlungspflicht nicht nachkam und Gaon nach drei Jahren immer noch 6000 Franken schuldete, pfändeten die Genfer Betreibungsbehörden Zieglers Auto. Der Wert seines dunkelblauen R25 entsprach ziemlich genau der noch ausstehenden Summe. Ein paar Jahre später brach Gaons Finanzimperium übrigens zusammen, was die Genfer Kantonalbank und den Kanton Genf Millionen von Franken kostete.

Ziegler musste in insgesamt fünf Ländern vor Gericht erscheinen. Der libanesische Geschäftsmann Hovik Simonian zum Beispiel reichte in Wien Klage ein, nachdem er sowohl in Paris, Köln und Solothurn vor den Gerichten abgeblitzt war. Der Kaufmann mit Wohnsitz und einer Firma in der Schweiz erwirkte in Österreich wegen übler Nachrede für *Die Schweiz wäscht weißer* ein Verkaufsverbot.

Doch nicht nur für die Verletzung der Ehre der von ihm attackierten Personen, sondern auch für die Verletzung der nationalen Ehre sollte Ziegler belangt werden. 1998 reichte sein ehemaliger Kommilitone Matthias Eckenstein-Geigy zusammen mit alt Nationalrat Prof. Martin Burckhardt (Liberale Partei), Zivilrechtsprofessor Pascal Simonius, Privatbankier Alfred Sarasin und anderen rechts-konservativen Baslern bei der Bundesanwaltschaft Strafanzeige wegen Landesverrats gegen ihn ein. Der Stein des Anstoßes: Ziegler hatte in seinem 1997 bei Bertelsmann erschienen dritten «Interventionsbuch», *Die Schweiz, das Gold und die Toten* die gewagte These vertreten, «die helvetischen Hehler» – gemeint war die damalige politische und wirtschaftliche Führung der Schweiz – hätten «zur Verlängerung des Zweiten Weltkriegs und damit zum Tod von Hunderttausenden von Soldaten und Zivilpersonen beigetragen».

Der Anstoß zu diesem Buch war diesmal vom Bertelsmann

Verlag ausgegangen. Der deutsche Verlag hatte ihn bei den Recherchen auch tatkräftig unterstützt. Die Zusammenarbeit der Schweizer Wirtschaft mit Nazi-Deutschland sei für das Hitler-Regime lebensnotwendig gewesen, argumentiert Ziegler. Exakt die gleiche Auffassung vertrat zu diesem Zeitpunkt in den USA Unterstaatssekretär Stuart Eizenstat. Die Publikation von Zieglers Buch fiel genau in die Zeit, da die Schweiz und die Banken von seiten jüdischer Organisationen in den USA wegen ihrer Politik während des Zweiten Weltkriegs unter heftigen Beschuss geraten waren.

Aus dieser Koinzidenz schlossen die Kläger aus Basel auf ein von Ziegler gegen die Sicherheit der Schweiz gerichtetes Komplott. Sie beriefen sich auf Art. 266bis des Schweizerischen Strafgesetzbuches und bezeichneten Ziegler in der Anklageschrift in einer Sprache, die dunkle Erinnerungen hervorrief, als «Agent jüdischer Organisationen». Der betreffende StGB-Artikel ist auf «gegen die Sicherheit der Schweiz gerichtete Unternehmungen» anwendbar und fand unter dem Eindruck der Bedrohung durch Nazi-Deutschland 1937 in das Strafgesetzbuch Eingang. Ziegler habe mit dem Buch *Die Schweiz, das Gold und die Toten* sein Land in «unflätigster und gröbster Weise angegriffen und angeschwärzt» und damit Landesverrat begangen, so die Argumentation der Kläger.

Hintergrund des abstrusen Vorwurfs war der massive Druck, der in den USA gegen die Schweiz aufgebaut wurde und der dazu führte, dass sich das politische Klima immer mehr aufheizte. Selbst in der Landesregierung machte sich eine Art Wagenburgmentalität breit. Bundesrat Jean-Pascal Delamuraz ging gar so weit, die von den jüdischen Organisationen geforderte Rückerstattung von Vermögen der Holocaust-Überlebenden pauschal als eine Erpressung zu bezeichnen. Die Schweiz wurde von einer nationalen Solidarisierungswelle erfasst. Abgesehen von Ziegler, wagte praktisch nur Adolf Muschg in dieser Vergangenheitsdebatte gegen den Strom zu schwimmen. Christoph Blocher verstieg sich in der Folge dazu, Muschg mit einem Nazi-Kollaborateur zu vergleichen.

Der Schweizerische Schriftstellerinnen- und Schriftstellerverband sah in der Ausgrenzung der beiden Kritiker eine gefährliche Tendenz zur Einschränkung der Meinungsfreiheit. In einem Appell forderte der Verband das Parlament auf, Zieglers Immunität nicht noch einmal aufzuheben. Vielmehr sei «ein Zeichen zu setzen, dass die Schweiz keine politische Aktion unterstützt, die darauf abzielt, kritische Minderheiten zum Schweigen zu bringen». Schließlich gelangte der Bundesrat zur Auffassung, die Aufarbeitung der Geschichte sei nicht die Aufgabe der Gerichte, sondern vielmehr Sache der Wissenschaft. Das Parlament folgte ihm und beschloss, Ziegler nicht nochmals zum Abschuss freizugeben.

Die Schweiz konnte dieser Debatte ohnehin nicht ausweichen. Doch weil diese Aufarbeitung der Vergangenheit ein halbes Jahrhundert lang versäumt wurde, bemächtigten sich nun eben andere Kreise der Deutungshoheit. Die offizielle Schweiz geriet immer mehr in die Defensive. Der Bundesrat war von der in den USA anrollenden Kampagne gegen die Schweiz höchst beunruhigt. Ein Grund war, dass die von Harcourt & Brace publizierte amerikanische Ausgabe von Zieglers Buch dort zu einem Riesenerfolg wurde und Wasser auf die Mühle der Schweizkritiker war. Der Fernsehsender CNN interviewte den Autor, und die *New York Times* verglich Ziegler gar mit Emile Zola, der sich seinerzeit in Frankreich für die Rehabilitation des wegen Landesverrats verurteilten jüdischen Offiziers Alfred Dreyfus eingesetzt hatte.

Die Landesregierung schickte Sonderbotschafter und

Task-Force-Chef Thomas Borer zu Ziegler, um ihn von seiner bereits angekündigten Lesereise in den USA abzubringen. Man befürchtete, dass er dort noch mehr Öl ins Feuer gießen könnte. Doch das war vergebliche Liebesmüh, denn der Inhalt des Buches war inzwischen weitherum bekannt, es zirkulierte bereits im US-Senat. Dessen Bankenausschuss organisierte in Washington ein Hearing zur Frage der Rückgabe der in der Schweiz zurückgehaltenen Holocaust-Gelder. Weder die Banken noch der Bund waren jedoch bereit, an dieser Anhörung teilzunehmen. Ziegler war der einzige Schweizer, der der Aufforderung Folge leistete und bereit war, auszusagen. Damit isolierte er sich in der Schweiz noch mehr. Bundesrat Flavio Cotti hatte ihn noch einige Tage vor seiner Abreise in die USA angerufen und eindringlich gewarnt, er mache sich tatsächlich zum Landesverräter, falls er vor dem US-Kongress in Sachen Schweizer Goldgeschäfte als Zeuge aussage. Außenminister Cotti hatte Botschafter Alfred Defago auf Vortragstournee geschickt, um den Standpunkt der offiziellen Schweiz zu erklären. Nun drohte ihm Ziegler in die Quere zu kommen und seine Anstrengungen zu unterlaufen.

Ziegler war verunsichert, denn er wollte sich weder von der einen noch von der anderen Seite instrumentalisieren lassen. Deshalb bat er einige Parteifreunde um Rat. Er telefonierte unter anderem mit seinem ehemaligen Studenten, Nationalratspräsident Ernst Leuenberger, der auf einer ostfriesischen Insel im Wattenmeer Ferien machte. «Aschi» riet Ziegler von der Reise ab. Rudolf Strahm ermunterte ihn hingegen. Er finde es nützlich, wenn in den USA auch die andere, gegenüber der Vergangenheit kritisch eingestellte Schweiz zu Wort komme. Sein früherer Student bestückte ihn noch in der gleichen Nacht mit Unterlagen über vergangene Krisen in den Beziehungen zwischen der Schweiz und den USA. Ziegler ging schließlich auch noch zum amerikanischen Uno-Botschafter in Genf, George Moose, und ließ sich von ihm über seine ihm als *witness* in diesem Senats-Hearing zustehenden Rechte informieren. Er wollte vermeiden, dass seine Aussagen verzerrt oder gar manipuliert würden.

Doch die Auseinandersetzung um die nachrichtenlosen Vermögen, die eigentlich den Holocaust-Überlebenden hätte Genugtuung bringen sollen, hatte bereits eine Eigendynamik erhalten, die von ein paar amerikanischen Staranwälten gewinnbringend bis schamlos bewirtschaftet wurde. Ziegler war für sie in dieser Kampagne nur noch eine Schachfigur. Immerhin versuchte Anwalt Michael Hausfeld, der sich bei den Sammelklagen gegen die Banken besonders hervortat, im Bankenvergleich von New York einen Zusatz einzubauen, um Ziegler vor weiteren Klagen zu schützen. In der *Herald Tribune* kritisierte Hausfeld zudem die in der Schweiz laufende «Hexenjagd gegen Herrn Ziegler».

Der Ruch des Landesverrats haftet Ziegler bis heute an. So wärmte Reto Brennwald in einer Arena-Sendung des Schweizer Fernsehens diesen Vorwurf im Jahr 2009 noch einmal auf: «Wissen Sie, dass man Sie früher als Landesverräter zu bezeichnen begann, dafür hat man fast ein wenig Verständnis, wenn man Sie reden hört.» Diese Bemerkung war für einen erfahrenen Moderator nicht nur höchst unprofessionell, sondern auch ehrverletzend. Ziegler ging jedoch wortlos darüber hinweg. Er scheint weit besser einstecken zu können als viele seiner Gegner, die sofort die Justiz bemühen, wenn sie sich in ihrer Ehre verletzt fühlen. Ziegler wurde deshalb auch schon «Monsieur Teflon» genannt.

Zumindest ein Gegner von Ziegler machte sich trotzdem immerhin die Mühe, statt mit juristischen Mitteln auf publizistischem Weg mit ihm die Klinge zu kreuzen. Felix Auer, sein ehemaliger freisinniger Nationalratskollege, wies ihm in einer siebzigseitigen Schrift wie ein Buchhalter fein säuberlich und bis ins letzte Detail eine ganze Reihe von Fehlern nach. So liege zum Beispiel die auf dem Beatenberg versteckte Artilleriebasis, die sein Vater kommandiert habe, «nicht im Granitgebirge, sondern in bloßem Kalkfelsen». Auer stand Ziegler mit seinem Gegenpamphlet hinsichtlich Polemik und Überspitzung in nichts nach. Obwohl er zu völlig anderen Schlüssen gelangte, stützte er sich dabei erstaunlicherweise zum Teil auf denselben deutschen Wirtschaftshistoriker ab wie Ziegler. Während dieser in den Schriften von Willi A. Boelcke seine Kollaborationsthese bestätigt sah, las Auer genau das Gegenteil aus dessen Werken heraus. Während Ziegler die engen Wirtschaftsbeziehungen der Schweiz mit Nazi-Deutschland zu einer Komplizenschaft zuspitzte, stellte Auer die Vergangenheit ganz aus der subjektiven Sicht der Weltkriegsgeneration auf eine völlig heroisierende Weise dar.

Zieglers Versuch der Vergangenheitsbewältigung kam allerdings nicht nur bei den Hobby-Historikern, sondern auch bei den gelernten Geschichtsforschern schlecht weg. Georg Kreis, Jakob Tanner oder Jean-Claude Favez etwa, die alle die Politik der offiziellen Schweiz während des Zweiten Weltkrieges sehr kritisch beurteilen, gingen mit Ziegler hart ins Gericht. Denn er hatte keine neuen Fakten zutage gefördert, sondern bereits Bekanntes einfach in stark überspitzter Form neu gedeutet. «Sein Buch ist als Geschichtsbuch unnötig, aber nützlich als Diskussionsbeitrag, weil es gute Fragen stellt», meinte Favez immerhin. Sogar die linke Wochenzeitung *WOZ*, die Ziegler seit jeher sehr zugetan ist, hielt Distanz. Sie nannte ihn «Professor Nitroglyzerin», weil sein Instinkt für gesellschaftlichen Zündstoff so ausgeprägt sei wie sein Umgang damit sorglos.

Beim «Roten Kreuz des Kapitalismus»
Zieglers Arbeit in der Politik

Jean Ziegler hat insgesamt drei Dutzend Bücher geschrieben, einige wurden zu internationalen Bestsellern, rund zwanzig wurden auf Deutsch übersetzt. Es war nicht zuletzt dieser Erfolg als Autor, der ihm auch in der Politik viel Aufmerksamkeit verschaffte. Ziegler nutzte als Nationalrat während fast drei Jahrzehnten die Bühne des Parlaments. Doch bevor er in die nationale Politik einstieg, engagierte er sich auf lokaler Ebene.

Als Ziegler Mitte der sechziger Jahre aus dem Kongo in die Schweiz zurückkehrte und sich in Genf niederließ, beabsichtigte er zunächst, der Partei der Arbeit beizutreten. Doch die wollte den Querdenker nicht in ihren Reihen. Die Schweizer Kommunisten waren in den Sechzigern noch eine straff organisierte, vom Stalinismus durchtränkte Partei. Ziegler hätte dort an zu vielen Tabus gerüttelt. Sein Parteiausschluss wäre wohl nur eine Frage der Zeit gewesen. So trat er der Sozialdemokratischen Partei bei und begann, im Genfer Stadtrat zu politisieren. Obwohl die Genfer SP seit jeher nur einige hundert Mitglieder zählt, war ihr Einfluss in der Rhonestadt immer recht groß. Diese Sektion war innerhalb der gesamtschweizerischen Partei seit je ein Spezialfall, vereinigt sie doch alle möglichen politischen Tendenzen. «In Genf fängt links der Mitte der Dschungel an», umschreibt der ehemalige SP-Präsident Peter Bodenmann die Situation in der Rhonestadt. Trotzdem bereitete Ziegler mit seinen eigenwilligen Positionen selbst den Genfern – und besonders dem

Gewerkschaftsflügel der Partei – immer wieder Kopfzerbrechen.

Jean Ziegler war in der Sozialdemokratischen Partei der Schweiz immer ein Außenseiter. Die konservativeren seiner Genossen, etwa im ländlichen Bernbiet oder in der Ostschweiz, regen sich furchtbar auf über ihn. Als libertärer Marxist, der die Gesellschaft nicht einfach reformieren, sondern radikal umgestalten möchte, hat er in dieser Partei einen schweren Stand. Im Gegensatz zu den Genossen, die dank der Unterstützung der SP und ihrer guten Vernetzung in der Verwaltung bei Bund und Kantonen Karriere gemacht haben, hatte Ziegler keine solche Ambitionen.

Obwohl er die SP einmal als «eine kleinbürgerliche Mittelstandspartei, das Rote Kreuz des Kapitalismus» bezeichnete, sieht Ziegler für sein politisches Engagement keine Alternative. Eigentlich passt er in gar keine Partei. Am nächsten liegen ihm die Antiglobalisierungs-Bewegungen, wie etwa das sich aus verschiedenen politischen Strömungen zusammensetzende Netzwerk Attac. Aus Zieglers Sicht können grundlegende gesellschaftliche Veränderungen nur von den in der Zivilgesellschaft verwurzelten basisdemokratischen Bewegungen erwartet werden, zu denen er auch Greenpeace oder Amnesty International zählt.

Deshalb nahm Ziegler oft am Weltsozialforum teil, das sich als Kontrapunkt zum Davoser Managementsymposium versteht. Zweimal war er mit Rudolf Strahm zusammen im brasilianischen Porto Alegre, dem Mekka der Globalisierungskritiker. Auf der Rednertribüne war Ziegler neben dem Befreiungstheologen Leonardo Boff der unbestrittene Star. Es gelang ihm, aus dem Stand heraus rund 20 000 Zuhörer in der überfüllten Sportarena Gigantinho abwechselnd auf Deutsch, Französisch, Englisch und Spanisch in seinen Bann ziehen. Ziegler redet ohne Punkt und Komma. Zuweilen überraschte er sein Publikum mit spontanen Einfällen. So verabschiedete er sich einmal plötzlich wegen eines dringenden Termins mitten in der Diskussion von seinen Zuhörern, zeigte mit dem Finger auf den im Plenum sitzenden Rudolf Strahm und sagte: «Dort sitzt der beste Ökonom der Schweiz, der wird jetzt zu euch sprechen.» Strahm war völlig überrumpelt und musste wohl oder übel ohne Vorbereitung Zieglers Platz auf dem Podium übernehmen.

Im Klima solcher basisdemokratischen Veranstaltungen fühlt sich Ziegler am wohlsten. Auch wenn er sich als Marxist bezeichnet, ist Ziegler nicht das, was sich Bürgerliche landläufig unter einem Kommunisten vorstellen. Er glaubt zwar, dass die Marxsche Utopie «Jeder nach seinen Fähigkeiten, jeder nach seinen Bedürfnissen» realisierbar ist. Doch die strenge Disziplin, die kommunistische Parteien von ihren Mitgliedern fordern, ist ihm fremd. Deshalb ist er politisch so schwer einzuordnen. «Die von Michael Bakunin inspirierten anarchistischen Sozialisten des Jura bleiben meine Leitfiguren», schrieb er in *Wie herrlich, Schweizer zu sein*. Das stimmt aber nur bedingt, denn Ziegler steht dem Staat nicht grundsätzlich ablehnend gegenüber wie Bakunin. Wegen dieser politischen und ideologischen Ungebundenheit konnten Zieglers Gegner ihn während des Kalten Kriegs nicht einfach nach Moskau wünschen, wie sie es bei anderen Linken gern und ausgiebig taten. Ziegler hat sich immer auch mit dem Sowjetsystem sehr kritisch auseinandergesetzt. Nicht nur die Bankiers von der Zürcher Bahnhofstrasse, sondern auch den sowjetischen Parteichef Leonid Breschnew und den DDR-Staatsratsvorsitzenden Erich Honecker hatte er schon Halunken und Bandit genannt.

Einzig über Kuba urteilte Ziegler immer sehr unkritisch. Tatsächlich hat dieses Land trotz amerikanischem Boykott im Bereich Bildung und Gesundheitswesen Erstaunliches erreicht. Die Lebenserwartung ist die höchste in der Region und entspricht jener der USA. Doch um die Menschenrechte, insbesondere die Meinungsfreiheit, steht es auf der Karibikinsel schlecht. Ziegler hat in diesem Fall immer ein Auge zugedrückt. «Folter und Elend gibt es in Kuba nicht. Die negativen Seiten an Kuba sind vernachlässigbar im Vergleich zum sozialen Fortschritt», meint er. Zwischen dem kubanischen Modell und den Oststaaten unter dem Sowjetregime besteht in seinen Augen ein wesentlicher Unterschied. Was unter Breschnew oder Honecker geschehen sei, habe mit Sozialismus und Marxismus rein gar nichts zu tun. Ziegler wurde eben schon in jungen Jahren mit den Verhältnissen im realen Sozialismus konfrontiert. Von den zwei jungen Mädchen, Esther und Julia, die seine Eltern nach dem blutigen Ungarnaufstand als Flüchtlingskinder bei sich aufnahmen und die für ihn zu einer Art Schwestern wurden, wusste er aus erster Hand über die Zustände auf der anderen Seite des Eisernen Vorhangs Bescheid.

Trotzdem fand es Ziegler immer sinnvoll, mit den Exponenten des Sowjetkommunismus den Dialog zu pflegen. Er begründete dies mit der Gefahr einer möglichen atomaren Selbstvernichtung der Menschheit, die nur durch solche Bemühungen gedämpft werden könne. Da auch die Sowjetunion kein Interesse an einem kollektiven Selbstmord haben konnte, glaubte er hier einen gemeinsamen Nenner finden zu können. So erklärte sich Ziegler bereit, den russischen Nationalökonomen und Mitglied der Akademie der Wissenschaften Juri Popow, den er 1976 in Genf kennengelernt hatte, zu einem Streitgespräch über das Wettrüsten und die soziale Not in der Dritten Welt zu treffen und daraus eine Publikation folgen zu lassen. Das Gespräch fand während dreier Wochen abwechselnd in den Räumen der Akademie und im Hotel Rossia in Moskau statt. «Von morgens bis abends und häufig noch spät in die Nacht bekämpften wir uns, diskutierten, verhandelten über den einen oder anderen Begriff», sagt Ziegler. Dann wurden die Texte von einem Redaktor ins Reine geschrieben, am folgenden Morgen von den beiden Kontrahenten korrigiert. Es war das erste Mal, dass ein sowjetischer Verlag einem westlichen Intellektuellen ein derartiges Angebot machte. In der Schweiz wurde Ziegler dafür heftig angegriffen, obwohl er bei der Präsentation des Buchs in Moskau ausdrücklich seine sozialdemokratische, pluralistische Haltung betont hatte. Auch wurde völlig ignoriert, dass seine Kritik am Realsozialismus vom sowjetischen Verlag im Buch weggestrichen worden war. In der damaligen bipolaren Welt war es für Ziegler enorm schwierig, als autonome Stimme wahrgenommen zu werden, Nuancen wurden damals wenig wahrgenommen – entweder man war für die einen oder für die andern, etwas Drittes gab es nicht. Als Linker stand Ziegler immer unter dem Generalverdacht, mit Moskau gemeinsame Sache zu machen. So stellte Nationalrat Walter Allgöwer 1976 dem Bundesrat die rhetorische Frage, ob Ziegler Verbindungen zum sowjetischen Geheimdienst habe. Der Landesring-Vertreter forderte die Bundesanwaltschaft auf, der Frage nachzugehen. Für die Diskreditierung des politischen Gegners reichte damals allein schon die Äußerung eines Verdachts.

Gut zehn Jahre später fiel die Berliner Mauer, und der Realsozialismus gehörte der Vergangenheit an. Die Bezeichnung «Marxist» wurde selbst in Frankreich, einem Land mit einer damals noch einflussreichen Kommunistischen Partei, für viele zu einem Schimpfwort. Doch Ziegler scheute sich nicht, einmal mehr gegen den Strom zu schwimmen. Er unternahm 1992 zusammen mit Uriel da Costa (ein Pseudonym für den französischen Philosophen Richard Labévière) im Buch *Marx, wir brauchen dich* den Versuch, den unpopulär gewor-

Ziegler auf dem Roten Platz in Moskau

denen Begründer des Kommunismus zu neuem Leben zu erwecken. «Die Lager Stalins oder Pol Pots beweisen nicht, dass sich Marx in allem geirrt hat», versuchten die beiden der Diskreditierung des Marxismus entgegenzuwirken. Marx' Ideen seien in diesen Ländern in hohem Maß pervertiert worden. Ziegler ging es vor allem um Marx' Philosophie, die für ihn trotz aller Vereinnahmungen von hoher Aktualität ist. Marx könne nichts dafür, dass es in China Mao Zedong und in Kambodscha Pol Pot gegeben habe, so wie Friedrich Nietzsche nicht schuld an Hitler sei. Nach Zieglers Ansicht sind die Ideen von Marx in der Geschichte bisher erst einmal genau umgesetzt worden: «Die Pariser Kommune von März bis Mai 1871 war der einzige kommunistische Staat, den es je gegeben hat.» Trotz der Tatsache, dass sich der revolutionäre Pariser Stadtrat damals nur zwei Monate habe halten können, sei dieses gesellschaftliche Projekt noch lange nicht gestorben.

126

Die vom frühen Marx beschriebene Entfremdung der arbeitenden Bevölkerung in der Warenwirtschaft ist für Ziegler heute noch so aktuell wie eh und je.

Trotz seines Versuchs, die Marxschen Ideen zu rehabilitieren, ist Ziegler kein waschechter Marxist. Das behauptet zumindest einer, der ihn sehr gut kennt, nämlich sein Sohn Dominique. «In seiner marxistischen Hülle steckt im Grunde genommen ein linker Christ.» Man kann ihn auch als äußerst linken Sozialdemokraten bezeichnen. «Ich will eine soziale und ökonomische Demokratie, die in der Welt mit den anderen Völkern solidarisch und keine Räuberhöhle ist. Und ganz konkret: Ich möchte die AHV-Rente verdoppeln, möchte die eidgenössische Krankenversicherung einführen, möchte das Steuersystem umfunktionieren im Sinne einer Umverteilung, die drei Großbanken verstaatlichen, die privaten Rechte am Stadtboden abschaffen», sagte er 1990 in der *Basler Zeitung*. Von der Diktatur des Proletariats, wie sie von hartgesottenen Kommunisten stets gefordert wurde, war bei Ziegler nie die Rede.

Trotz der kritischen Haltung gegenüber seiner Partei lehnte Ziegler das 2010 von der Delegiertenversammlung verabschiedete neue Parteiprogramm nicht grundsätzlich ab. Er erachtet es für einen «interessanten Text». Richtig glücklich war er darüber, dass darin das Endziel einer «Überwindung des Kapitalismus» erhalten blieb. Hingegen sei es «unverzeihlich, dass die Dritte Welt kaum und die Verantwortung der Schweiz als imperialistische Macht gar nicht vorkommt». Aus diesem Grund findet es Ziegler wichtig, dass die SP von links unablässig unter Druck gesetzt wird, weshalb er im Mai 2010 der neugegründeten Gruppierung «Linke Alternative» beitrat. Dieses Sammelbecken von Personen und Organisationen links der SP betrachtet sich als Korrektiv zu dieser Partei, den Teilnehmern steht eine Doppelmitgliedschaft offen.

Es brauche eine Organisation, die «für den Bruch mit dem Bankenbanditismus» eintrete, begründete Ziegler seine Mitgliedschaft. Im Gegensatz zu vielen ganz linken SP-Mitgliedern möchte Ziegler hingegen auch die Mittelschicht ansprechen. Diese Bevölkerungsgruppe müsste im Gegensatz zu den Lohnabhängigen allerdings nicht bei ihren materiellen Interessen, sondern bei ihrem moralischen Anspruch gepackt werden. Gerechtigkeit, sozialer Zusammenhalt und Solidarität seien auch für den Mittelstand ein Thema. Diese Argumentation hat auf Anregung Zieglers auch Rudolf Strahm übernommen.

Die SP muss nach Ansicht Zieglers nicht nur die Wirtschaft in die Schranken weisen, sondern auch gegenüber den bürgerlichen Parteien viel angriffslustiger auftreten. Bereits im Juni 1970 hatte er in einem Referat auf dem Parteitag die Politik der kleinen Schritte kritisiert und sich für einen Rückzug der SP aus dem Bundesrat ausgesprochen. Ziegler war immer aus Prinzip gegen eine Regierungsbeteiligung und für den Bruch mit der Konkordanz im Bundesrat. Das Konsenssystem müsse durch ein Konkurrenzsystem ersetzt werden. Durch ihre Teilnahme an der Regierungsverantwortung gehe die SP viel zu viele Kompromisse ein. Ohne richtige Opposition werde die Demokratie in ihrer Existenz gefährdet.

Als Exponent am linken Rand der Partei hat Ziegler bei den Sozialdemokraten deshalb fast so viele Feinde wie im bürgerlichen Lager. Als Helmut Hubacher von 1975 bis 1990 an der Spitze der SP stand, musste er sich wiederholt schützend vor Ziegler stellen, obwohl er selber dessen Ansichten oft nicht teilte. Die beiden linken Alphatiere zollten einander immer großen Respekt, ihr persönliches Verhältnis war jedoch eher kühl. Hubacher erinnert sich kaum daran, mit Ziegler je unter vier Augen bei einem Bier oder einem Essen zusammengesessen zu haben. Was aber der Grand Old Man der Sozialdemokratie ganz besonders an ihm schätzte: «Er hat uns immer gezwungen, vieles zu überdenken.» Es stünde wirklich schlimm um die Partei, wenn sie einen Ziegler nicht verkraften könnte, gab er seinen Genossen jeweils zu bedenken. Um fliegen zu können, brauche die Partei zwei Flügel, einen linken und einen rechten. Sechs Parteimitglieder von der Sorte Zieglers wären allerdings zuviel des Guten, fügte er im selben Atemzug hinzu.

Gleichwohl hatte Hubacher immer etwas Angst vor Zieglers Unberechenbarkeit. Denn der sprach seine aus spontanen Einfällen gespeisten Aktionen kaum je mit der Fraktion ab. Er nahm absolut keine Rücksicht auf die Parteistrategie. So solidarisierte sich Ziegler zum Beispiel auf dem Höhepunkt des Jurakonflikts mit den Béliers, den am Rand der Legalität operierenden Jungtürken der jurassischen Separatisten. In der Zeitung *Jura libre* sprach er den Separatisten Mut zu: «Nous combattons pour le même idéal», «wir kämpfen für das gleiche Ideal». Solche Äußerungen widersprachen der Politik der gesamtschweizerischen Parteileitung und natürlich ganz besonders der Berner Sozialdemokraten.

Auch als Ziegler, selber einst ein Opfer von Polizeischnüfflern, den großen Lauschangriff befürwortete, bei dem auch Redaktionen und Anwaltskanzleien nicht verschont werden sollten, schüttelte man in der SP den Kopf. Das konnte doch nicht wahr sein: Da tritt dieser Linksaußen, der früher eine der dicksten Polizeifichen hatte, für den Überwachungsstaat ein? Ziegler war bei den Recherchen für sein 1998 publiziertes Buch *Die Barbaren kommen* zu dieser überraschenden Position gelangt. Er warnte vor einer schleichenden Unterwanderung der Gesellschaft durch das organisierte Verbrechen. Der Kapitalismus sei «im Wahnsinnsstadium angelangt», schrieb er. Wenn nichts unternommen würde, werde die Wirtschaft schon bald von Verbrecherfürsten regiert.

Einmal mehr hatte Ziegler über das Ziel hinausgeschossen. Doch im Kern hatte er eben wieder recht. Die Stoßrichtung seiner stark dramatisierenden Analyse wurde gut zehn Jahre später von einem Uno-Bericht weitgehend bestätigt. Die Weltorganisation sieht das organisierte Verbrechen heute als eins der größten globalen Probleme. Die kriminellen Syndikate seien «eine der größten wirtschaftlichen und am stärksten bewaffneten Mächte» der Welt geworden. Die grenzüberschreitende Kriminalität gefährdet laut Uno nicht nur Frieden und Entwicklung, sondern sogar die Souveränität der Nationen.

Auch als Ziegler den Nato-Schlag gegen das serbische Regime im Kosovo vehement verteidigte, obwohl er damals ohne Uno-Mandat ausgeführt wurde, irritierte er viele linke Sozialdemokraten. «La vérité est impure: Wenn es um Menschenleben geht, ist mir alles recht. Selbst wenn die juristische Konstruktion nicht ganz zu überzeugen vermag», verteidigte er seine Position. Manchmal erweist sich Ziegler zum Erstaunen vieler um einiges pragmatischer als die Realos seiner Partei. Der ehemalige Thuner Kadettenhauptmann ist kein Pazifist. In seinen Augen geht es in bestimmten Situationen nicht ohne Gewalt.

Ziegler ist oft vom Parteikurs abgewichen, umgekehrt wurde er von seinen Genossen oft im Regen stehen gelassen, und zwar selbst dann, wenn er ursozialdemokratische Anliegen vertrat. Als er 1970 in einem Vorstoß die Abschaffung von Artikel 47 des Bankengesetzes forderte, in dem das Bankgeheimnis festgeschrieben ist, stimmten nicht nur die Bürgerlichen, sondern auch die meisten seiner Fraktionskollegen dagegen. Unterstützung erhielt er damals paradoxerweise fast nur vom rechtskonservativen Republikaner James Schwarzenbach. Der freisinnige Finanzminister Nello Celio konnte so in der Parlamentsdebatte unbekümmert erklären, das Bankgeheimnis sei für die Schweiz im Ausland «kaum Ursache von Schwierigkeiten», ohne dabei auf der linken Seite des Saals großen Widerspruch zu ernten.

Zieglers schwierigen Stand in der Partei zeigt die Affäre um die Bundesratskandidatur der Genfer Sozialdemokratin Christiane Brunner. Am 11. Juni 1993 publizierte die *Tribune de Genève* einen Artikel, in dem von einem anonymen Brief und angeblichen Nacktfotos von Brunner die Rede war. Was lag da für Deutschschweizer Journalisten näher als ein Anruf bei Jean Ziegler, der erstens Deutsch spricht und zweitens immer für ein paar lockere Sprüche gut ist? Ziegler tappte mit einem unbedachten Kommentar in die Falle und half so ungewollt, die Schlammschlacht um die Gewerkschaftsführerin anzuheizen. Die Affäre wurde von der Journalistin Catherine Duttweiler gar in einem Buch verarbeitet. Ziegler hatte sich da mit seiner Leutseligkeit nicht nur viele Gewerkschafterinnen und Gewerkschafter, sondern die Frauen ganz allgemein zu Feinden gemacht. Ziegler müsse sich rechtfertigen oder «die Konsequenzen ziehen», ließ die Parteileitung darauf in einer Erklärung verlauten. Heute sieht das Peter Bodenmann, der damalige SP-Präsident, etwas lockerer. «Sicher ist nur eins: In der Schweiz wird nie so viel gelogen wie vor und nach Bundesratswahlen.»

Dass Ziegler selbst bei den Sozialdemokraten viele Feinde hat, habe vielleicht auch etwas mit Neid zu tun, glaubt Hubacher. Es gebe immer wieder Leute, die es nicht ertrügen, wenn jemand intellektuell aus der Menge herausrage. Kommt hinzu, dass kaum ein Exponent dieser Partei so oft in den Medien präsent ist wie Ziegler. Der eloquente, charismatische, weltmännische Professor mit bürgerlichem Habitus, der fast pausenlos um den Globus jettet, passt eben nicht zum Idealbild eines bodenständigen Sozialdemokraten mit gewerkschaftlichem Stallgeruch.

Viele Parteimitglieder haben auch mit Zieglers Disziplin-losigkeit Mühe. Er fehlt oft an Sitzungen und Parteiveranstal-tungen. Als er sich seinerzeit in die Geschäftsleitung wäh-len ließ, warnte ihn Hubacher, dass mit dieser Funktion auch viel langweilige Knochenarbeit verbunden sei. Trotzdem nahm Ziegler sein neues Amt recht locker. Wenn er zur Sit-zung am Freitagnachmittag im Zimmer 86 im Bundeshaus erschien, dann oft nur für eine Stunde. Er saß neben dem Eingang, wo auf einer Ablage Briefpapier und Couverts mit dem Aufdruck «Nationalrat» gestapelt sind. Ziegler nahm beim Eintreten ein paar Briefbögen und erledigte seine Kor-respondenz, während die anderen diskutierten. Sobald ein ihn interessierendes Traktandum, wie zum Beispiel die Waf-fenexporte, zur Sprache kam, unterbrach er seine Arbeit und intervenierte sofort. «Wenn er da war, forderte er uns, bis wir alle rote Köpfe hatten», erinnert sich Hubacher. «Aber das tat uns gut», fügt er bei.

Eigentlich war Ziegler damals auch für die Arbeitsgruppe vorgesehen, die im Auftrag der Parteileitung die Bankenini-tiative vorzubereiten hatte. Der Entwurf für den Verfassungs-text wurde dann aber im Wesentlichen vom späteren Preis-überwacher Rudolf Strahm, vom heutigen Publizisten Beat Kappeler, dem Wirtschaftsanwalt Peter Nobel und Finma-Vizepräsident Daniel Zuberbühler ausgearbeitet, die damals alle noch zur Parteilinken gehörten. Ziegler fehlte fast immer an den Sitzungen, wie sich ein Mitglied der Arbeitsgruppe erinnert. Diese Volksinitiative, die eine Einschränkung des Bankgeheimnisses zum Ziel hatte und die den Bund ver-pflichtet hätte, Vorschriften für die Annahme von Geld zu erlassen, wurde 1984 in der Volksabstimmung abgelehnt.

Das Knüpfen und Pflegen von internationalen Kontakten lag Ziegler mehr als die auf die Innenpolitik ausgerichtete Parteiarbeit. Seine ausgezeichnete internationale Vernetzung war der eigentliche Grund, weshalb man ihn in die Geschäftsleitung holte. «Er kann sich ausgezeichnet in fremde Kulturen hineindenken. Es ist phänomenal, wie er auf Leute zugeht und sie für sich einnehmen kann», sagt Peter Bodenmann, der die SP nach Hubacher sieben Jahre lang geführt und mit Ziegler manchen Strauß ausgefochten hat. Deshalb delegierte ihn die Parteileitung in die Sozialistische Internationale ab, wo er schon bald Mitglied des Exekutivrats wurde. Ziegler hatte die Aufgabe, die Kontakte zu den linken Regierungen in der Dritten Welt zu pflegen. Unter anderem wurde er 1971 vom tunesischen Präsidenten Habib Bourguiba empfangen, etwas, was außer den Bundesräten kaum einem Schweizer Politiker gelungen wäre. In der Partei hatte praktisch nur er Zugang zu ausländischen Regierungskreisen.

Viele hohe Beamte und Minister in den Ländern Afrikas waren früher einmal Studenten von Ziegler an der Universität Genf oder am Institut Africain gewesen. In diesem Milieu fühlt sich Ziegler zu Hause. Wenn der lose und heterogene Verbund von über hundertvierzig sozialistischen und sozialdemokratischen Parteien aus der ganzen Welt irgendwo tagte, kehrte Ziegler meist erst ein paar Tage später wieder in die Schweiz zurück. Nach dem offiziellen Teil der Treffen saß er gerne noch ein wenig mit Vertretern der Drittweltländer zusammen. Die Nähe zu den Menschen der südlichen Hemisphäre verlieh ihm den Ruf eines unkritischen «Tiermondisten», wie die Achtundsechziger genannt wurden, die die Entwicklungsländer idealisierten. Tatsächlich hegte Ziegler zum Beispiel anfangs für Robert Mugabé, der gegen das rassistische weiße Regime in Rhodesien kämpfte, große Sympathie. Vom Moment an, da er sich jedoch zu einem unberechenbaren Despoten entwickelte, änderte Ziegler seine Haltung. Heute zerstöre der Präsident von Simbabwe sein Land, sagt er. Mugabé sei ein gutes Beispiel dafür, wie ein rational geleiteter Hass gegen den Kolonialismus mit der Zeit in einen pathologischen, zerstörerischen Hass umschlagen könne.

Ziegler war in der Sozialistischen Internationalen mit den Ländervertretern der Dritten Welt längst nicht immer einer Meinung. Als der deutsche Bundeskanzler Willy Brandt noch Präsident der SI war, reiste Strahm mehrmals zusammen mit Ziegler zu diesen Tagungen. An einem der Treffen in Portugal sei Ziegler sehr heftig vom senegalesischen Dichter-Präsidenten Léopold Senghor wegen eines kritischen Artikels in der französischen Tageszeitung *Le Monde* angegriffen worden. Ziegler hatte in seinem Beitrag nicht nur die «imperialistische Politik der Industrieländer», sondern gleichzeitig auch die Korruption vieler afrikanischer Regierungen angeprangert. Diese Unabhängigkeit Zieglers hat auch Willy Brandt, der in der Sozialdemokratie eher zu den rechtsorientierten Realpolitikern gehörte, immer imponiert. «Er stört den Gottesdienst und bringt Leben», sagte er einmal über ihn.

An sich hatte die Sozialistische Internationale für die Schweizer Sozialdemokratie jedoch nie eine große Bedeutung. Die SP legte das Schwergewicht ihrer Arbeit nur schon aus wahlstrategischen Überlegungen seit jeher auf nationale Themen. Mit der internationalen Solidarität lassen sich kaum Wähler mobilisieren. Und die wenigen, die sich besonders für die Probleme der Entwicklungsländer interessieren, sind in der Partei mit Ziegler gut vertreten. Im Parlament war er einer der wenigen SP-Vertreter, die es wagten, die internationalen Auswirkungen der Schweizer Politik auf die ärmeren Länder zu thematisieren.

Insgesamt saß Ziegler mit einem Unterbruch rund achtundzwanzig Jahre lang im Parlament. Nur etwa ein halbes Dutzend Parlamentarier haben es bisher auf so viele Dienstjahre gebracht. Als Nationalrat hat er allerdings wenig bewir-

Ziegler mit dem deutschen Bundeskanzler Willy Brandt

ken können. Anfangs genoss Ziegler noch einen Jugend-
bonus. Wenige Monate nach seiner Wahl im Jahr 1967 schrieb
das *Thuner Tagblatt*, in der Frühjahrssession habe mit Ziegler der jüngste Nationalrat das Wort ergriffen. Er habe sich für
ein verstärktes Engagement der Schweiz in der Entwicklungshilfe stark gemacht und mit seinem Votum bereits einen Erfolg verbuchen können.

Ziegler griff oft wichtige Themen auf, für die sich kaum
einer seiner Kollegen interessierte, weil sie nicht wahlrele-
vant waren. Als er in den Siebzigern das Thema der in der
Schweiz verwalteten gestohlenen Vermögen von Diktatoren
aufbrachte, erntete er im Parlament oft nur ein müdes Lä-
cheln. «Was wollen Sie?», fragte ihn Bundesrat Georges-An-
dré Chevallaz 1975 im Nationalratssaal. «Ein schweizerischer
Bankier kann doch nicht einen amtierenden Staatschef über
die Legalität und die Herkunft seines Vermögens ausfragen.»

135

Und damit hatte der Waadtländer Freisinnige das unbequeme Thema der Diktatorengelder vom Tisch.

So verpuffte die Wirkung von Zieglers Vorstößen rasch. In seiner Polizeifiche sind sie gleichwohl fein säuberlich aufgelistet. Dass er mit seinen Interpellationen und Anfragen so wenig erreichte, war nicht nur eine Frage der fehlenden Akzeptanz im Rat, es lag auch an der schieren Menge. Allein in den Jahren 1988 und 1989 reichte Ziegler über zwanzig Vorstöße ein. Nicht selten fehlte ihnen die politische Relevanz. So verlangte er einmal, dass die Tausendernote eingestampft werde, da der darauf abgebildete, Ende des 19. Jahrhunderts gestorbene Kulturhistoriker Jakob Burckhardt antisemitische Äußerungen von sich gegeben habe. Oft erhielt er nicht einmal von seinen eigenen Parteigenossen Unterstützung. Als das Parlament 1994 das Welthandelsabkommen Gatt und den Beitritt in die Nachfolgeorganisation WTO absegnete, war Ziegler der einzige, der dagegen stimmte. Er war der erste, der die fortschreitende Globalisierung kritisierte.

Der Fächer seiner Vorstöße war sehr weit, er reichte vom Schutz des Nashorns bis zum Verbot schweizerischer Waffenexporte. Die Ideen dazu kamen ihm nicht selten bei der Zeitungslektüre im Zug von Genf nach Bern. Ziegler schrieb seine Interpellationen dann oft von Hand in der Wandelhalle, direkt bevor er den Nationalratssaal betrat.

Einmal trat er gar für eine Verbilligung der Swissairflüge zwischen Zürich und Genf ein, mit der Begründung, die bestehenden Tarife würden «Familien mit bescheidenem Einkommen» extrem stark belasten, wenn sie via Flughafen Kloten in die Ferien reisten. Solche Vorstöße lösten auch in seiner eigenen Partei Kopfschütteln aus. Ziegler hat die Wirkung der einfachen Anfragen, Interpellationen und Postulate im Parlamentsbetrieb immer stark überschätzt. Ihre

Im Parlament

Zahl ist im Lauf der Jahre derart angewachsen, dass sie von den Medien kaum mehr groß beachtet werden.

Die Publikation seines Buchs *Eine Schweiz – über jeden Verdacht erhaben* trieb Ziegler im Nationalrat schließlich völlig in die Isolation. Jetzt wollte ihm endgültig niemand mehr zuhören. Frank A. Meyer beschrieb das 1977 in der *Basler Zeitung* anlässlich der Debatte um die Hochschulförderung, als Ziegler ans Rednerpult ging und in seiner Eigenschaft als Hochschullehrer etwas sagen wollte. «Allein schon die Ankündigung seines Namens durch Nationalratspräsidentin Elisabeth Blunschy provozierte erste Reaktionen: Murren, Scharren, kurzum Geräusche des Unwillens. Auf der Journalistentribüne: Weglegen der Kugelschreiber, Zurücklehnen im Sitz, Austausch verständnisvoller Blicke untereinander: ‹Jetzt kommt auch der noch.› So war's nicht nur gestern. So ist's nahezu immer.» Zwar laufen auch bei anderen Parlamentariern die Kollegen aus dem Saal und ignorieren, was dort gesagt wird, das ist nicht ungewöhnlich. Aber bei Ziegler war es nicht einfach das Desinteresse an dem, was er sagte, sondern mehr noch immer eine Kundgebung gegen ihn.

Eine Art Kundgebung veranstaltete das Parlament 1994 auch gegen den über Ziegler gedrehten Dokumentarfilm *Arracher les masques*. Das schweizerisch-französisch-belgische Gemeinschaftswerk war eine kritische Auseinandersetzung mit dem Werdegang und den Thesen des SP-Nationalrats. Nicht Ziegler, sondern die Filmförderung war hier jedoch die Leidtragende der Racheaktion. Dem Bundesamt für Kultur wurde kurzerhand der Bundesbeitrag um eine Million Franken gekürzt. Die Parlamentsmehrheit sah in diesem Film eine unzulässige Unterstützung von Zieglers politischer Tätigkeit und ließ sich trotz dem Protest von Bundesrätin Ruth Dreifuss zu der Strafmaßnahme hinreißen.

Die Verachtung, die viele Parlamentskollegen gegenüber Ziegler zeigten, beruhte allerdings auf Gegenseitigkeit. «In den endlosen Korridoren des Bundeshauses von Bern schlurfen vierzigjährige Greise (und Greisinnen) zu Dutzenden herum. In der Wandelhalle des Nationalrats wimmelt es von zerknirschten, unglücklichen Wichtigtuern aller Jahrgänge, die allesamt wie knitterige Geronten aussehen – und sich auch so benehmen», machte sich Ziegler einmal über seine Kollegen lustig. Seine ehemaligen Studenten, die nahezu in Fraktionsstärke mit ihm im Rat saßen, dürfte er damit jedoch nicht gemeint haben, nämlich Peter Vollmer, Rudolf Strahm, Ernst Leuenberger und André Daguet.

Allerdings gab es selbst auf der bürgerlichen Seite einige Parlamentarier, mit denen sich Ziegler trotz aller Meinungsverschiedenheiten persönlich ausgezeichnet verstand. Die 2010 auf Deutsch erschienene und überarbeitete Version seines Romans *Das Gold von Maniema* hat er übrigens unter anderem den beiden verstorbenen FDP-Nationalräten Peter Tschopp und Ernst Mühlemann gewidmet, zu denen er immer ein sehr gutes Verhältnis hatte. Beide waren originelle Köpfe und keine Windfahnen. Ziegler sind Bürgerliche, die mit offenem Visier und ohne persönliche Ranküne für ihre Ideen kämpfen, viel lieber als Linke, die nach Bedarf und Opportunität ihre Meinung ändern. «Das sind wohl die einzigen Leute, die er wirklich hasst», sagt sein Sohn Dominique. Das stimmt allerdings nur bedingt. Denn unter Zieglers Freunden gibt es auch ein paar politische Konvertiten. Er selber ist besonders stolz darauf, dass er seine Linie bis heute gehalten hat.

Ziegler und der ehemalige Nationalrat für die Genfer Liberalen Charles Poncet sind «in keinem einzigen Bereich miteinander einverstanden», und trotzdem sind sie seit dreißig Jahren miteinander befreundet. Wie Ziegler war auch Poncet Mitglied der Zofingia. Sogar Zieglers Verhältnis zu Christoph Blocher ist von gegenseitigem Respekt geprägt, obwohl jeder die Ideen des anderen völlig inakzeptabel findet. «Er hat absurde Ideen, aber er ist trotzdem ein Demokrat», sagt Ziegler. Bei allen Divergenzen haben die beiden ein paar Gemeinsamkeiten: Sie wirken in der Öffentlichkeit polarisierend, und obwohl sie seit längerem nicht mehr unter der Bundeshauskuppel politisieren, wird wegen ihrer wuchtigen Rhetorik und ihrem Charisma weiterhin auf sie gehört. Beide sind authentisch, man nimmt ihnen ab, dass sie von dem, was sie sagen, fest überzeugt sind. Als Fernsehmoderator Patrick Rohr im Frühjahr 2010 die beiden Haudegen zu einem Streitgespräch in die Sendung Baz-Standpunkte einlud, blieben sie einander bei ihrem harten Schlagabtausch nichts schuldig. Blocher zeigte sich hingegen im Vorgespräch mit Rohr erfreut, «endlich wieder einmal einem ebenbürtigen Gesprächspartner gegenüberzustehen». Nach der Sendung bot

Blocher Ziegler an, ihn in seinem Auto vom Chauffeur an den Bahnhof zu fahren. Auf der Fahrt von Oerlikon in die Stadt diskutierten sie sehr angeregt über eine theologische Frage. Ziegler hatte in der Sendung den französischen Schriftsteller Georges Bernanos zitiert, der schrieb: «Gott hat keine anderen Hände als die unseren.» Blocher war darüber sehr aufgebracht. «So etwas darf man doch nicht sagen, Gott ist allmächtig, er braucht uns nicht.»

Auch mit Edgar Oehler, dem Unternehmer und ehemaligen rechtskonservativen CVP-Parlamentarier, verstand sich Ziegler ausgezeichnet. Die beiden starteten im Sommer 1990 zusammen mit anderen Nationalräten die «Operation Kalif» zur Befreiung der Schweizer Geiseln im Irak. Saddam Hussein hatte nach der Besetzung von Kuwait rund hundert Ausländer festgehalten, um einen Militärschlag der Amerikaner hinauszuzögern. Da sein Parteigenosse, der damalige Außenminister René Felber, untätig blieb, schlug Ziegler die Entsendung einer privaten Delegation vor. Trotz des Widerstands von Parlament und Verwaltung reiste schließlich eine Gruppe, koordiniert von Oehler, nach Bagdad. Nachdem sie tagelang im Hotel Rasheed hatten warten müssen, wurden sie schließlich von Saddam Hussein doch noch empfangen. Während der zweistündigen Monologs Saddams seien ihm die Bilder der toten Kurden, die bei dem vom Diktator angeordneten Giftgasangriff im Nordirak umgekommen waren, durch den Kopf gegangen. Nach einem Händedruck und einer Umarmung nach arabischer Art sei er sofort in die Toilette gegangen, um sich voller Abscheu vor diesem Mörder die Hände zu waschen, erinnert sich Ziegler.

Doch es hatte sich gelohnt, sich die Hände schmutzig zu machen. Die Delegation konnte immerhin mit sechzehn der vierundzwanzig ausreisewilligen Schweizer zurückkehren. Es waren vornehmlich Vertreter dort tätiger Unternehmen.

Dieser Erfolg war nicht zuletzt deshalb möglich, weil sich alle Delegationsmitglieder trotz aller politischen Meinungsverschiedenheiten solidarisch verhielten. Ziegler war im Parlament immer ein Gegner von Oehler. «Jedoch hat mich seine Leistung in Bagdad außerordentlich beeindruckt», lobte er im Nachhinein die Koordinationsarbeit seines Kollegen. Ziegler musste wegen der an sich privaten Aktion im Parlament viel Kritik einstecken. Der freisinnige Jean-Pierre Bonny warf ihm «Geschwätzigkeit und Hang zum Theatralischen» vor.

Ziegler blieb im Parlament bis zu seinem Austritt im Jahr 1999 ein Außenseiter. Trotzdem hat man ihn sehr wohl ernstgenommen, sonst wäre seine Immunität 1991 kaum aufgehoben worden. Nur schon wegen seiner meist ausgezeichneten Wahlresultate musste man mit ihm rechnen. Auch in den bürgerlichen Quartieren Genfs kam er bei den Wählern immer gut an. Dass er ohne taktische Rücksichten politisierte, imponierte vielen. Zwar wurde er 1983, nach einer millionenschweren Kampagne der Genfer Privatbankiers, einmal abgewählt. Doch bereits 1987 schaffte er erneut den Sprung in den Nationalrat. Er ergatterte den Sitz, den die Partei eigentlich VPOD-Präsidentin Christiane Brunner zugedacht hatte.

Dies wollten sich die Genfer SP-Frauen 1991 allerdings nicht noch einmal bieten lassen. Es war das Jahr, in dem die Frauen schweizweit mit einem Streik für ihre Gleichberechtigung kämpften. Die Genferinnen forderten an der Parteiversammlung eine separate Frauenliste. Denn vier Jahre zuvor musste Christiane Brunner als einzige Frau auf einer Liste mit lauter sehr bekannten Männern kandidieren, was ihre Wahlaussichten erheblich beeinträchtigte. Nun forderten die Frauen, dass ihnen diesmal von der Partei endlich eine reelle Wahlchance eingeräumt werde. Ziegler kämpfte demgegenüber für eine traditionelle Einheitsliste. André Daguet, der damalige Generalsekretär der SP Schweiz, war zu dieser Versammlung für ein Referat nach Genf eingeladen worden. Zu seinem Erstaunen entdeckte er im hintern Teil des Saales auffällig viele Schwarzafrikaner. Es seien vermutlich größtenteils Studenten von Ziegler gewesen, die kurz vorher in die Partei eingetreten seien, um mit ihrem Professor für die Einheitsliste zu stimmen, glaubt Daguet. Diese Einschätzung wird auch von der Genfer Nationalrätin Maria Roth-Bernasconi geteilt. Trotzdem setzten sich die Frauen durch. Brunner wurde in den Nationalrat gewählt, aber auch Ziegler schaffte es trotz der separaten Liste erneut.

Wegen der bei der SP Genf geltenden Amtszeitbeschränkung kam 1999 für Ziegler eine Kandidatur nicht mehr in Frage. Die Genfer SP bekam das unfreiwillige Ausscheiden eines ihrer wichtigsten Zugpferde allerdings empfindlich zu spüren, verlor die Partei doch bei diesen Wahlen nicht zuletzt auch deswegen zwei ihrer vier Sitze. Ziegler versuchte es daraufhin in Zürich auf der Liste der Juso noch einmal – als ältester Jungsozialist. Zuvor stand gar eine Kandidatur bei den Solothurner Grünen zur Diskussion. Ziegler ging es bei dieser Kandidatur vor allem darum, die parlamentarische Immunität zu behalten, um weiterhin frei von der Leber weg schreiben zu können und juristisch nicht behelligt zu werden. Obwohl er in Zürich auf stolze 36 244 Stimmen kam, wurde er wegen der ungenügenden Zahl von Listenstimmen nicht gewählt. Da halfen auch die aufmunternden Worte von Adolf Muschg wenig, der ihm im Vorfeld der Wahlen «von Herzen viel Glück» gewünscht und seinen persönlichen Brief «mit kameradschaftlichem Narrengruss Dein Adolf» gezeichnet hatte. Ziegler wollte allerdings in der Politik nie die Rolle des Hofnarren spielen – wenn schon, dann die der Kassandra im Narrenhaus. Denn für ihn ist «die Welt, so wie sie ist, total unerträglich».

In der Zwangsjacke der Diplomatie
Ziegler auf der Uno-Bühne

Es ist erstaunlich, wie lange Ziegler an seinem Parlaments-
mandat klebte. Denn für seinen Kampf gegen den «Raubtierkapitalismus» brauchte er die Tribüne des Bundeshauses
längst nicht mehr. Er hatte im Fernsehen, im Radio, in Zeitungsinterviews und bei Autorenlesungen genügend Möglichkeiten, seine Botschaft zu verbreiten.

So war auch der Saal des Zürcher Kaufleuten an einem
Herbstabend 2009 bis auf den letzten Platz besetzt. Es
herrschte eine Atmosphäre wie vor einem Popkonzert. Es
fehlte nur noch der Star des Abends. Nach rund einer Vier-
telstunde Warten klatschten ihn die ungeduldig gewordenen Zuschauer herein. Aus dem Vorhang trat Jean Ziegler,
wie gewöhnlich in «Bankier-Uniform», dunkler Anzug, helles
Hemd und dezente Krawatte. Luciano Ferrari vom *Tages-Anzeiger* stellte den Bestsellerautor als «Schreck der Mächtigen»
vor, nachdem dieser auf einem goldverzierten Rokokostuhl
Platz genommen hatte.

In dem Buch, aus dem Ziegler las, *Der Hass auf den Westen*,
hat er die Erfahrungen und Eindrücke während seines Man-
dats als Uno-Sonderberichterstatter für das Menschenrecht
auf Nahrung und dem Vizepräsidium des Beratenden Ausschusses des Menschenrechtsrates verarbeitet. Wie schon als
Parlamentarier fühlte sich Ziegler auch als internationaler
Diplomat immer in einer Art Zwangsjacke. Ziegler ist überzeugt, dass seine wirksamste Waffe nicht diese offiziellen
Mandate, sondern seine Bücher sind. Tatsächlich ist hier

seine Resonanz am größten. Auch *Der Hass auf den Westen* war in Deutschland, Frankreich und der Schweiz wochenlang auf der Bestsellerliste. Mit zu diesem Erfolg beigetragen hat sicher, dass die Stadt Paris Ziegler dafür mit dem 25. Internationalen Literaturpreis für Menschenrechte ausgezeichnet hat.

Ziegler gab sich bei der Lesung in Zürich locker, und er argumentierte differenziert. Mit seinen Fernseh- und Radiointerviews kommt er beim Zuschauer oder Zuhörer weit weniger gut an. Denn in diesen Interviews und Diskussionssendungen wirkt er verkrampft, und er hat die Gewohnheit, das Gesagte schablonenhaft mehrmals zu wiederholen, als wolle er es den Zuhörern in den Kopf hämmern. Vor der Fernsehkamera hat Ziegler die Tendenz, seine ganze Botschaft in die wenigen ihm zur Verfügung stehenden Sendeminuten hineinzuzwängen. Mit verbissener Miene, der großen Hornbrille auf der Nase und fast immer mit einem grünen Kugelschreiber in der Hand, versucht er den Moderator recht lehrerhaft an die Wand zu reden. Zwischendurch pflegt Ziegler Zeige- und Mittelfinger auf die Lippen zu legen, als wolle er sich zwingen, sein Gegenüber zumindest einen Moment lang auch einmal etwas sagen zu lassen.

Nichts davon bei dem Auftritt im Kaufleuten. Das abgegriffene Kraftwort «Halunken» brauchte Ziegler zwar auch hier ein paar Mal, doch er hatte diesmal ausreichend Zeit, seine Thesen im Detail zu begründen und zu erklären. Suchte der Moderator seinen Redeschwall einmal zu unterbrechen, reagierte Ziegler mit Witz und stoppte unverzüglich seinen Redefluss: «Er ist der Chef», meinte er zum Publikum gerichtet und zeigte lachend auf Ferrari. Die Lesung war für Ziegler ein Heimspiel. Er hatte Kontakt mit dem Publikum, und er spürte sehr schnell, dass die Mehrheit der Menschen im Saal auf seiner Seite stand. Am Ende der Vorstellung standen die

Leute Schlange, um sich das Buch signieren zu lassen. Ziegler nahm sich fast für jeden der geduldig Ausharrenden ein wenig Zeit für ein paar Worte. Im direkten Kontakt mit dem Publikum kommt Ziegler bedeutend besser an, als wenn er durch das Glasfaserkabel von Cablecom oder Swisscom in den Schweizer Wohnstuben doziert.

Ziegler will in seinem jüngsten Buch dem Westen einen Spiegel vorhalten und dem Leser die Gründe aufzeigen, weshalb den Vertretern der Industrieländer bei internationalen Konferenzen seitens der Drittweltstaaten oft Feindseligkeit entgegenschlägt. Mit dem starken Begriff «Hass» meint Ziegler nicht den «pathologischen Hass», der sich in den Terrorakten der al-Kaida manifestiert. In seinen Augen kann es keinen «heiligen Krieg» geben, ebenso wenig wie es eine «gerechte Herrschaft» geben kann. Mit dem «Hass auf den Westen» ist vielmehr die sich bei internationalen Verhandlungen äußernde Wut der armen Länder gemeint, wenn sie von den USA oder den EU-Staaten wegen Verletzung der Menschenrechte getadelt werden. Bei den Begegnungen mit Vertretern dieser Länder hat Ziegler immer wieder festgestellt, dass der von den USA und Europa ausgeübte Druck zur Einhaltung der Menschenrechte dort als doppelzüngig und ungerecht empfunden wird.

Ziegler versucht zu erklären, weshalb sich der Süden manchmal gar mit Terrorregimes wie dem des sudanesischen Diktators Omar al-Baschir solidarisiert. Man versteht dort nicht, weshalb Israel immer wieder folgenlos Uno-Resolutionen verletzen und sich über internationales Recht hinwegsetzen kann. Dass Israel im Gazastreifen ungeahndet gegen die Menschenrechte verstoßen darf, während anderen Ländern wegen ähnlich menschenverachtendem Verhalten harte Sanktionen drohen, wird als Ausdruck einer Doppelmoral gesehen. Diese schizophrene Politik mache das Eintreten des Westens für die Menschenrechte unglaubwürdig, folgert Ziegler.

Außerdem ist die Zeit der Kolonialherrschaft in vielen Drittweltländern tief im kollektiven Gedächtnis verankert. Besonders die afrikanischen Staaten erwarten eine Wiedergutmachung oder zumindest ein Zeichen der Reue für die damals von europäischen Ländern verübten Verbrechen. Während in Frankreich die Kolonisierung Nordafrikas längst kein Thema mehr ist, hat man zum Beispiel in Algerien die erlittene Unterdrückung nicht vergessen.

Ziegler illustriert diese asymmetrische Wahrnehmung der Geschichte anhand einer Anekdote. Als der französische Staatschef Nicolas Sarkozy im Dezember 2007 mit Abd al-Aziz Bouteflika in Algier über einen Erdölvertrag verhandelte, forderte ihn der algerische Präsident zu Beginn der Gespräche auf, sich im Namen Frankreichs für das 1945 durch die Fremdenlegion begangene Massaker in Sétif an Zehntausenden unbewaffneter Demonstranten zu entschuldigen. Sarkozy wehrte ab und sagte wörtlich: «Je ne suis pas venu pour la nostalgie», «Ich bin nicht hier der Nostalgie wegen.» Bouteflika fühlte sich derart vor den Kopf gestoßen, dass er die Verhandlungen augenblicklich mit den Worten abbrach: «Für mich kommt das Erinnern vor dem Geschäft.» Sarkozy musste unverrichteter Dinge nach Paris zurückkehren. Der algerische Staatschef erzählte Ziegler diese Geschichte bei einem seiner Besuche in Algier. Die beiden kennen sich seit langem. Als Bouteflika in den achtziger Jahren im Exil war, hatte er bei Ziegler an der Universität Genf eine Dissertation in Angriff genommen. Da er aber in seinem Land schon bald wieder Führungsaufgaben übernehmen konnte, hat er die Doktorarbeit nie abgeliefert.

Als Ziegler im Jahr 2000 zum Uno-Sonderberichterstatter für das Recht auf Nahrung gewählt wurde, bekam er diese

Kritik am Westen auf Schritt und Tritt zu hören. Ziegler war der erste, der die neu geschaffene Funktion in der Weltorganisation bekleidete. Denn während des Kalten Kriegs waren die sozialen Rechte und damit das Recht auf Nahrung im internationalen Menschenrechtsdialog noch kein Thema. Das Wort «soziale Rechte» roch den westlichen Ländern noch zu stark nach Kommunismus. Erst mit dem Zusammenbruch des Sowjetimperiums konnte die Diskussion darüber geführt werden.

Ziegler hatte diesen Posten nicht deswegen erhalten, weil er aus der «neutralen Schweiz» stammt. Es war im Gegenteil erstaunlich, dass er als Schweizer dieses Mandat zu einem Zeitpunkt zugesprochen erhielt, als unser Land noch gar nicht Mitglied der Uno war. Es waren die Entwicklungsländer, die Ziegler als Kandidat vorgeschlagen hatten. Sie sahen in ihm einen Anwalt ihrer Interessen. Zur selben Zeit erschien zudem sein Buch *Wie kommt der Hunger in die Welt?*, das in Frankreich in den Schulen gelesen wird. Auch in fachlicher Hinsicht qualifizierte er sich somit für das Amt.

Zudem stand auch Uno-Generalsekretär Kofi Annan, langjähriger Freund Zieglers, hinter der Kandidatur. Die beiden trafen sich in den sechziger Jahren oft am Samstagabend bei Roy Preiswerk, dem späteren Direktor des Instituts für Entwicklungsstudien (IUED), zum Diskutieren, Feiern und Tanzen. Der aus Ghana stammende Annan hatte am Genfer Hochschulinstitut für internationale Studien (HEI) studiert. Kofi Annan ging mit dem Vorschlag von Zieglers Kandidatur zu Bundespräsident Adolf Ogi, um das Einverständnis der Schweizer Regierung einzuholen. Bei Ogi traf er auf offene Ohren; er setzte sich sofort bei den Kollegen in der Landesregierung für seinen Freund ein und überzeugte sie von der einmaligen Chance und dem mit diesem Mandat für die

Ziegler mit seinem Freund Kofi Annan, damals Uno-Generalsekretär

Schweiz verbundenen Prestigegewinn. Ohnehin hätte kein anderer Schweizer die Wahl geschafft.

Die Wahl Zieglers und die Tatsache, dass Ogi nach seinem Rücktritt aus der Landesregierung seinerseits Uno-Sonderberater für Sport im Dienste von Entwicklung und Frieden wurde, habe maßgeblich dazu beigetragen, dass alt Bundesrat Joseph Deiss schließlich 2010 zum Präsidenten der Uno-Generalversammlung gewählt worden sei, sind Kenner der internationalen Szene überzeugt. Denn auch diese Wahl war alles andere als selbstverständlich. Der erfolgreiche Abschluss dieser beiden Mandate gab der kleinen Schweiz in der Weltorganisation ein Gesicht. Unser Land hatte bei dieser Wahl selbst die Stimmen der EU-Staaten Deutschland und Finnland erhalten, obwohl für das höchste Amt in der Weltorganisation auch der ehemalige belgische Außenminister Louis Michel kandierte.

Zumindest ein Schweizer scheint jedoch an Zieglers Ernennung wenig Freude gehabt zu haben. SVP-Nationalrat Ulrich Schlüer wollte vom Bundesrat in einer schnippisch formulierten einfachen Anfrage wissen, wer denn Zieglers Lohn bezahle und ob er in seiner Funktion diplomatische Immunität genieße. Ziegler erhalte weder vom Bund noch von der Uno einen Lohn, antwortete der Bundesrat. Die Eidgenossenschaft gewähre ihm nur für die Erfüllung seiner Aufgabe die notwendige Unterstützung durch Menschenrechtsspezialisten. Und die Weltorganisation bezahle ihm bei Auslandreisen eine Tagesentschädigung. Die Antwort des Bundesrats enthielt für Schlüer ganz offensichtlich kein Zündstoff, um eine neue Uno-Debatte lostreten zu können. Das Thema konnte im Parlament rasch abgehakt werden.

Auf innenpolitische Empfindlichkeiten musste Ziegler bei diesem Mandat ohnehin keine Rücksicht nehmen. Er war einzig Generalsekretär Kofi Annan Rechenschaft schuldig. Soweit es sein Pflichtenheft zuließ, suchte Ziegler aber die Möglichkeiten, die ihm die Funktion als Uno-Sonderberichterstatter gab, in seinem Sinn voll auszuschöpfen. Nun konnte er seinen Kampf gegen die ungerechten Verhältnisse in der Welt mit anderen Mitteln fortsetzen; er erhielt hier eine weit größere Plattform als seinerzeit im Nationalrat. Die ihm vom Bund zugesicherte Unterstützung erlaubte es Ziegler, vier Assistenten und Assistentinnen anzustellen. «Ohne sie hätte ich meinen Job nie ausüben können», sagt Ziegler. Viele der der Uno unterbreiteten Berichte stammen aus der Feder von Christophe Golay, Spezialist in internationalem Recht. Golay unternahm mit Ziegler in den acht Jahren Uno-Mandat rund ein Dutzend Missionen, unter anderem in Brasilien, Guatemala, Kuba, Bolivien, Äthiopien, Niger, Bangladesh, Indien, in der Mongolei und in Palästina. Auf Zieglers Reise in den Südlibanon 2006 unmittelbar nach dem Krieg durften ihn seine Assistenten hingegen auf Anweisung der Uno aus Sicherheitsgründen nicht begleiten.

Ein besonders großes internationales Echo löste Zieglers Besuch der von Israel besetzen Gebiete Palästinas aus. Ziegler war der erste Uno-Sonderberichterstatter, den die Israeli in die besetzten Gebiete einreisen ließen. Für die Uno war das eine Sensation. Als Zieglers Freund, der Hochkommissar für Menschenrechte Sergio Viera de Mello, der im August 2003 im Irak ermordet wurde, von seinem Reiseprogramm erfuhr, kam er in sein Büro gestürmt und fragte ihn ganz erstaunt: «Wie hast du das fertiggebracht?»

Die Erklärung für die Vorzugsbehandlung war einfach: In Israel hatte man nicht vergessen, dass Ziegler mit seinem Buch *Die Schweiz, das Gold und die Toten* und seiner Bereitschaft, in der Auseinandersetzung um die nachrichtenlosen Vermögen als Zeuge vor der US-Senatskommission auszusagen, auf der Seite des Jüdischen Weltkongresses gestanden hatte. So wurde denn Ziegler bei seiner Ankunft auf dem Tel Aviver Flughafen Ben Gurion ohne Formalitäten als VIP durch den Zoll gelotst. Er fuhr von dort direkt nach Ramallah, wo er mit Jassir Arafat in der Muqata, dem Sitz der palästinensischen Autonomiebehörde, das Mittagessen einnahm. Arafat, der ein Jahr darauf starb, habe während dieses dreistündigen Gesprächs äußerst alert gewirkt, erinnert sich Golay. Wer sich damals mit dem Palästinenserführer einließ, wurde in Israel automatisch zur Persona non grata. Nicht Ziegler! Nach dem Treffen ließen es sich zwei israelische Minister, darunter der Justizminister, nicht nehmen, zu einem vom Schweizer Botschafter offerierten Essen zu kommen, aus Anlass von Zieglers Besuch.

Der Wind kehrte schon bald. Als Ziegler nach der Rückkehr seinen kritischen Bericht über die Situation in den besetzten Gebieten präsentierte, wurde er in Israel plötzlich zum

Staatsfeind. Das Simon-Wiesenthal-Center und die proisraelische Nichtregierungsorganisation UN-Watch schossen aus allen Rohren auf ihn. Selbst sein langjähriger Freund Elie Wiesel bekundete im persönlichen Gespräch mit Ziegler große Mühe mit diesem Bericht. Er habe Verständnis für dessen Position, sagt Ziegler: «Wiesel verteidigt Israel halt eben so entschlossen, wie ich immer Kuba verteidigt habe.» Obwohl Wiesel und Ziegler sich sonst beide überall energisch für die Menschenrechte einsetzen, sind sie hier eben beide etwas einäugig.

Zieglers Kritik an der israelischen Regierung war hart. Die Israelis führten die Palästinenser mit ihren äußerst repressiven Maßnahmen «an den Rand einer humanitären Katastrophe», lautete seine Folgerung. Bei der Präsentation des Berichts in New York sprach Ziegler gar von einem «Apartheidsystem». Rund sechzig Prozent der palästinensischen Bevölkerung im Gazastreifen sei unterernährt, weil viele für das Überleben notwendige Güter nicht hineingelassen würden. Ziegler zeigte gleichzeitig auch Verständnis für das israelische Bedürfnis nach Sicherheit. Doch dieses Sicherheitsinteresse rechtfertige in keiner Weise jegliche menschenverachtende Maßnahme. Israel antwortete nie auf den Bericht.

Während seines Uno-Mandats geriet Ziegler aber nicht nur mit Israel, sondern auch mit anderen Ländern, etwa den USA, China oder Nordkorea in Konflikt, weil er bei ihnen eine grobe Missachtung des Rechts auf Nahrung feststellte. Die Auseinandersetzungen mit den USA begannen bereits kurz nach Zieglers Wahl. Mit China kam es gar zu einem peinlichen Zwischenfall. Ziegler hatte in seinem Bericht über Nordkorea die Hatz der chinesischen Behörden auf die über die Grenze strömenden nordkoreanischen Hungerflüchtlinge beschrieben. Sie würden sehr schlecht behandelt und sofort wieder über die Grenze nach Nordkorea abgeschoben, wo sie Folter und Deportation in Konzentrationslager erwarte. Die Chinesen wollten diesen kritischen Abschnitt gestrichen haben, weil er ihnen peinlich war.

Am Morgen des Tags, als er den Bericht der Versammlung vorzustellen hatte, ging Ziegler vorsichtshalber in den 38. Stock des Uno-Hauptgebäudes, um sich bei Generalsekretär Kofi Annan zu versichern, dass er diesen kritischen Abschnitt auch vortragen dürfe. Kofi Annan gab ihm grünes Licht, denn er hatte von China keine Zusicherung erhalten, dass sich die Situation an der koreanischen Grenze verbessern werde. Als Ziegler und die anderen Sonderberichterstatter am Nachmittag um fünfzehn Uhr im großen Versammlungssaal in New York ihre Berichte präsentierten, kam der Botschafter Chinas von hinten auf das Rednerpodium geschlichen, zupfte Ziegler am Ärmel und bat ihn inbrünstig, die Passage doch bitte nicht zu lesen. Ziegler ignorierte das Anliegen und las den vollen Text vor.

Aber selbst mit seinem Freund, dem damaligen brasilianischen «Arbeiterpräsident» Lula da Silva, kam es zu einem Zusammenstoß. Ziegler hatte bei seinem Aufenthalt in Brasilien die Gewinnung von Treibstoff aus Nährpflanzen als «ein Verbrechen gegen die Menschheit» bezeichnet. In den USA wird heute bereits auf sechzehn Prozent der Landwirtschaftsfläche Mais und Weizen angebaut, der nicht für die Ernährung, sondern als Sprit für Autotanks bestimmt ist. Aber auch Lula hat in Brasilien den Anbau von Zuckerrohr für die Produktion von Bioethanol auf Kosten des Ackerlands für Nahrungszwecke vorangetrieben. Um sich an der Macht halten zu können, ist er gegenüber der politischen Rechten gewisse Kompromisse eingegangen, weshalb in Brasilien auch die einmal geplante Agrarreform stecken blieb. Ziegler kennt Lula seit langem – als Gewerkschaftsführer hatte dieser in früheren Jahren bei Zieglers Frau, Erica Deuber-Pauli, logiert, wenn er an internationalen Treffen in Genf teilnahm.

Ziegler forderte ein weltweites Moratorium für die Produktion von Treibstoff aus Landwirtschaftsprodukten. Denn die Umnutzung landwirtschaftlicher Böden führt zu einer Erhöhung der Preise für Lebensmittel, was sie für die ärmsten Bevölkerungsschichten zum Teil unerschwinglich macht. Zudem steht damit auch weniger Kulturland für die Nahrungsmittelproduktion zur Verfügung, womit das weltweite Problem der Unterernährung verschärft wird. «Hunger ist ein Skandal. Der Hunger ist schuld am stillen, aber größten Genozid», sagt Ziegler. Eine weitere wichtige Ursache für die Unterernährung großer Teile der Weltbevölkerung sieht er in der preistreibenden Spekulation mit Grundnahrungsmitteln wie Reis, Mais und Weizen an der Börse. Bei einer richtigen Verteilung der Nahrungsmittel könnten nach Berechnungen der Uno statt der heute rund sieben Milliarden Menschen ohne weiteres zwölf Milliarden Menschen ernährt werden.

Wie Ziegler in *Der Hass auf den Westen* kritisieren auch Entwicklungsorganisationen, dass die westliche Politik in vielerlei Hinsicht doppelzüngig ist. Zwar fordern die USA und die EU in der Welthandelsorganisation WTO die Länder des Südens immer wieder auf, ihre Märkte zu öffnen. Gleichzeitig subventionieren die Industrieländer die Produktion und die Exporte ihrer eigenen Landwirtschaft mit mehreren Hundert Milliarden Steuergeldern, was auch WTO-Generaldirektor Pascal Lamy immer wieder kritisiert. Für die Bekämpfung des Hungers geben diese Länder nur etwa einen Zehntel dieser Summe aus. Dies führt dazu, dass in Bamako und Dakar heute europäisches Gemüse für die Hälfte des Preises der einheimischen Produkte verkauft wird. Die Agrarwirtschaft Afrikas wird so mit unlauteren Methoden zutode konkurrenziert, was periodisch zu Hungersnöten führt.

Ziegler war sich stets bewusst, dass die sehr heterogen zusammengesetzte Uno an dieser Situation nur beschränkt etwas ändern wird. Deshalb bezeichnete er seine Arbeit nicht nur als «total faszinierend», sondern immer gleichzeitig auch als «frustrierend». Ganz ohne Wirkung war sie jedoch nicht.

Als Sonderberichterstatter hatte Ziegler Zugang zu den höchsten Regierungsvertretern. Venezuelas Staatschef, Hugo Chavez, nennt ihn «Hermano», Bruder. Viele dieser Persönlichkeiten wie Lula oder Arafat kannte er schon von früher. Wegen seiner Bekanntheit erregten Zieglers Besuche in der Presse der betreffenden Länder immer ein großes Echo. Diese Ausstrahlung fehlt seinem Nachfolger Olivier de Schutter heute, ein in der Öffentlichkeit wenig bekannter belgischer Professor. Mit stiller Diplomatie wird de Schutter sicher einiges erreichen können, wenn aber von den Medien in der Öffentlichkeit Druck aufgebaut wird, können sich Regierungsstellen weit weniger gut ihrer Verantwortung entziehen. So führte Zieglers Besuch in Brasilien dazu, dass man zum ersten Mal überhaupt zur Kenntnis nahm, dass es in dem potentiell reichen Land ein Problem der Unterernährung gibt. Zieglers emotionale und eindringliche Art kommt beim Fernsehzuschauer der südlichen Länder im Gegensatz zum nüchternen Schweizer SF-Publikum sehr gut an. Ziegler nahm sich auf diesen Reisen immer viel Zeit für die Medien. «Wenn wir abends nach einer langen Fahrt über Land und vielen Gesprächen todmüde ins Bett sanken, diskutierte der um Jahrzehnte ältere Jean Ziegler noch bis spät nach Mitternacht mit Journalisten», erinnert sich Golay.

Ziegler beschränkte sich bei diesen Missionen nicht auf Kontakte zu den Behördenvertretern in den Hauptstädten. Er reiste aufs Land hinaus, um mit der Bevölkerung das Gespräch zu suchen und sich dort aus erster Hand zu informieren. Nichtregierungsorganisationen leisteten ihm dabei Lot-

Ziegler mit Venezuelas Staatschef Hugo Chavez

sendienst, indem sie ihn in die Problemregionen führten. Allerdings wurde sich der Sonderberichterstatter dabei immer auch seines beschränkten Einflusses bewusst. Als er einmal in Guatemala in einem Konvoi von weißen Toyota-Landcruisern auf das Land hinausgefahren sei, habe er in die hoffnungsvollen Augen der Mayas geblickt. Diese armen Campesinos waren überzeugt, dass sich mit dem Besuch des Uno-Sonderberichterstatters für das Menschenrecht auf Nahrung nun ihre Situation verbessern werde. Gemäß Regierungsangaben waren 2006 in dem Land über 90 000 Kinder an Hunger oder an dessen Folgen gestorben. Ziegler war es nicht wohl in seiner Haut; er konnte diesen Bauern keine Versprechungen machen. Er versuchte mit seinen Vorschlägen an die Uno zumindest das in seiner Macht stehende zu tun, auch wenn es nicht viel war. Doch die in seinem Bericht an die Vollversammlung enthaltene Forderung nach einer Landreform sei auf Druck der Amerikaner wieder aus dem Text gestrichen worden. Das Einzige, was Ziegler erreichen konnte, war der Uno-Einsatz von drei Helikoptern für die Durchführung der ersten Landvermessung. Denn in Guatemala gibt es nicht einmal ein Grundbuch.

Nicht immer verliefen die Missionen so enttäuschend. In Nordindien hat Ziegler mit seiner Intervention indirekt eine Hungersnot abwenden können. Als er in Rajasthan erfuhr, dass die Regierung die für Notsituationen vorgesehenen Kornvorräte der hungernden Bevölkerung nicht freigeben wollte, half er den lokalen Hilfsorganisationen bei der Einreichung einer Klage beim obersten Gericht. Die Justiz ordnete darauf eine Öffnung der Kornkammern an. Die Regierungsstellen im nordindischen Gliedstaat hatten gehofft, durch ihr Abwarten die Vorräte später zu höheren Preisen verkaufen zu können. Mit dieser zynischen Vorratspolitik der Lokalregierung ist seit dem Gerichtsurteil Schluss.

Doch im Kampf gegen den Hunger sind solche Interventionen nicht mehr als ein Tropfen auf einen heißen Stein. An der Welternährungskonferenz von 1974 hieß es noch, der Hunger solle innerhalb von zehn Jahren ausgerottet werden. 1996 gab sich die Weltgemeinschaft schon etwas bescheidener und stellte in Aussicht, die Zahl der Hungernden bis 2015 zu halbieren. Aber nicht einmal dieses Ziel wird erreicht werden. Heute sind immer noch fast eine Milliarde Menschen permanent unterernährt; jeden Tag sterben 37 000 Menschen an Hunger. Und besonders paradox: Mehr als zwei Drittel von ihnen gehören zur Landbevölkerung, die ja eigentlich die Nahrungsmittel produziert.

Dieses Sisyphosproblem ist Zieglers ständiger Begleiter. Die Uno sei aber immerhin «der letzte Schützengraben, die letzte Verteidigungslinie der Zivilisation», sagt er. Oder zum Nachrichtenmagazin *Der Spiegel*: «Gegen die Uno kannst du sagen, was du willst, klar, sie ist eine Krake, ein nebulöses Ding, eine Galaxie mit 29 Spezialorganisationen, aber sie vertritt immerhin die Interessen des gesamten Planeten.» Auch wenn seine kritischen Berichte in New York oft in eine diplomatische Sprache umredigiert wurden, ließ sich Ziegler nie den Mund verbinden. Einmal geriet er mit den Vertretern des Uno-Welternährungsprogramms aneinander, weil er in seinem Bericht über Nordkorea aufzeigte, wie die dortige Regierung und der Geheimdienst die Nahrungsmittelhilfe, statt sie an die notleidende Bevölkerung zu verteilen, für die Nomenklatur abzweigten.

Trotz seiner exponierten Stellung als Uno-Sonderberichterstatter versuchte Ziegler immer wieder, aus seiner Rolle als internationaler Diplomat herauszuschlüpfen. An einem Sonntagmorgen 2003 in Genf ließ er sich nicht davon abhalten, im dunklen Anzug und Krawatte unter einer regenbogenfarbenen Pace-Fahne zusammen mit Globalisierungsgegnern in T-Shirts und Jeans gegen den G 8-Gipfel zu demonstrieren, der damals in Evian stattfand. Und im selben Jahr forderte er am Weltsozialforum in Porto Alegre unter dem tosenden Applaus der sich im Fußballstadion drängenden Globalisierungskritiker gar die Abschaffung des Internationalen Währungsfonds und der Weltbank. Die Uno lebe in einer Art Schizophrenie, sagt Ziegler. Was von deren Unterorganisationen in den armen Ländern mit Entwicklungsinitiativen mühsam aufgebaut wird, werde von diesen beiden Bretton-Woods-Institutionen mit ihren «mörderischen Strukturanpassungsprogrammen» wieder zerstört.

Nachdem Zieglers Mandat als Sonderbeauftragter für das Recht auf Nahrung abgelaufen war, erhielt er 2008 eine neue Aufgabe bei der Uno. Ziegler nahm Einsitz im achtzehnköpfigen Konsultativausschuss des Menschenrechtsrates. Gegen seine Kandidatur wurde wieder von seiten der USA und verschiedener israelnaher Organisationen Lobbyarbeit betrieben. Die amerikanisch-israelische Organisation UN-Watch warnte Bundespräsident Pascal Couchepin in einem Brief eindringlich vor der Wahl. Und das Departement für auswärtige Angelegenheiten wurde im gleichen Sinne mit rund 1400 E-Mails bombardiert. Wieder wurde Ziegler sein Bericht über die prekäre Versorgungssituation in den palästinensischen Gebieten zum Vorwurf gemacht. Doch Außenministerin Micheline Calmy-Rey und mit ihr der Gesamtbundesrat ließen sich nicht unter Druck setzen. Sie waren sich bewusst, dass die Schweiz nur mit Ziegler eine Chance hatte, diesen Posten besetzen zu können.

Ziegler erhielt vierzig Stimmen der siebenundvierzig im Menschenrechtsrat vertretenen Staaten. Für das Amt hatten sich auch die USA, Deutschland, Frankreich, Spanien, Griechenland und Schweden mit einem Kandidaten beworben. Aber die Entwicklungsländer stimmten für Ziegler. Anders als im Uno-Sicherheitsrat, wo die Großmächte das Vetorecht beanspruchen, haben im Menschenrechtsrat die Länder des Südens die Mehrheit. Der Menschenrechtsrat war vor ein paar Jahren – nicht zuletzt auf Initiative der Schweiz – aus der früheren Uno-Menschenrechtskommission entstanden. Der Berner Völkerrechtler Walter Kälin gilt als geistiger Vater dieses Gremiums. Die Vorgängerorganisation hatte sich nämlich als reformunfähig erwiesen und zunehmend an Glaubwürdigkeit verloren. In dem neuen Gremium wird jedes der 192 Uno-Mitgliedsländer auf die Einhaltung der Menschenrechte überprüft. Kälin ist überzeugt, dass der politische Druck, der durch die vom Rat abgegebenen Empfehlungen erzeugt wird, die Menschenrechtssituation in vielen Ländern verbessert hat. Der Völkerrechtler gibt Ziegler im Kern recht: Die Position der westlichen Länder sei in Menschenrechtsfragen tatsächlich oft wenig glaubwürdig, wie das Beispiel der Gefangenenlager Guantánamo oder Abu-Ghraib zeige. Allerdings haben auch im Menschenrechtsrat wieder Länder wie der Iran, Libyen oder China sehr viel Einfluss, also Staaten, in denen die Menschenrechte aufs gröbste missachtet werden. So wurde die Kandidatur Libyens für den Menschenrechtsrat in der Schweiz als Ohrfeige empfunden, bewarb sich dieses Land doch ausgerechnet in der Zeit, als Max Göldi dort immer noch in Geiselhaft saß. Allerdings dürfte gerade die Wahl Libyens in das Gremium bei der Freilassung Göldis mit eine Rolle gespielt haben. Denn die afrikanische Ländergruppe, insbesondere Algerien, übten Druck auf Libyen aus. Wer sich für die Einhaltung der Menschenrechte einsetzen will, kommt nicht darum herum, auch mit Diktaturstaaten den Dialog zu pflegen.

Gerade Ziegler wurden in der Vergangenheit wiederholt von seinen Gegnern Kontakte zu gewissen Diktatoren vorgeworfen, etwa zum libyschen Revolutionsführer Muammar al-Ghadhafi. Ziegler wurde insgesamt sieben Mal vom exzentrischen Revolutionsführer nach Libyen eingeladen. Ghadhafi, der als Gründer des «Bundes freier Offiziere» 1969 König Idris mit einem Putsch stürzte, hat eine ganze Reihe Bücher von Ziegler gelesen, wurden doch die meisten auch ins Arabische übersetzt. Ghadhafi sei ein Autodidakt mit theoretischen Ambitionen und habe deshalb immer wieder den Dialog mit ihm gesucht, sagt Ziegler. Diesen Einladungen habe er nicht etwa aus freundschaftlichen Gefühlen, sondern aus seinem Interesse als Soziologe heraus Folge geleistet. Eine Freundschaft mit einem Staatschef wäre für ihn ohnehin undenkbar. Bei diesen Begegnungen, die oft im Untergeschoss der Aziza-Kaserne im Osten von Tripolis oder in Ghadhafis Beduinenzelt stattfanden, ging es immer sehr formell zu. Ghadhafi zog für die Diskussionen immer einen Dolmetscher bei. Wenn dieser nicht schnell genug übersetzte, beschimpfte er ihn heftig und setzte das Gespräch einfach auf Englisch fort. Der Dolmetscher war reine Staffage.

Diese Bekanntschaft wurde Ziegler immer wieder vorgeworfen. Als Ghadhafi Anfang 2011 mit brutaler Waffengewalt gegen sein eigenes Volk vorging, nahm UN-Watch dies erneut zum Anlass, gegen Ziegler eine Kampagne zu führen. Die israelnahe Lobbyorganisation suggerierte eine Freundschaft zwischen Ziegler und Ghadhafi und verlangte seinen Ausschluss aus dem Menschenrechtsrat. Die von den Medien aufgenommene Kampagne zeigte ihre Wirkung. Ziegler wurde von den Veranstaltern der Salzburger Festspiele, wo er eine Rede über die Rolle der Kunst im Kampf gegen den Hunger hätte halten sollen, wieder ausgeladen. Die sozialdemokratische Regierungschefin Gabi Burgstaller befürchtete, dass anstelle des Inhalts von Zieglers Ausführungen vielmehr dessen Beziehung zu Ghadhafi ins Zentrum der Aufmerksamkeit rücken könnte. Dabei hatte sich Ziegler schon seit längerem vom libyschen Herrscher distanziert gehabt und ihn als «einen Verrückten, einen Fall für den Psychiater» bezeichnet. Ziegler befürwortete auch die Nato-Intervention zum Schutz der Zivilbevölkerung.

Wegen seiner Bekanntschaft mit Ghadhafi wurde Ziegler in den Jahren 2009/2010 während der Libyen-Affäre wiederholt von Außenministerin Micheline Calmy-Rey konsultiert. Als die beiden Schweizer Unternehmensvertreter Max Göldi und Rachid Hamdani in Libyen festgehalten wurden, fehlte es im Außendepartement an Kennern der komplizierten formellen und informellen Machtstrukturen in dem nordafrikanischen Land. Ziegler ist einer der wenigen Schweizer, die Ghadhafi persönlich kennen.

Charles Poncet, der Anwalt der libyschen Regierung,

schlug deshalb einmal öffentlich vor, Ziegler bei der Lösung der Geiselaffäre einzusetzen. Ziegler winkte sofort ab, wurde aber tatsächlich zeitweilig von der offiziellen Task force beigezogen. Er soll Calmy-Rey auch empfohlen haben, seinen Freund, den in der Nähe von Genf wohnenden früheren algerischen Präsidenten Ahmed Ben Bella als Vermittler einzusetzen. Ziegler war in dieser Zeit fast pausenlos in den Medien. Dabei unterstützte er Calmy-Reys Vorgehen stets. Gleichzeitig kritisierte Ziegler den Sololauf von Bundesrat Hans-Rudolf Merz als «stümperhaft und dumm».

Allerdings täuschte sich auch Ziegler mehrmals mit seinen Einschätzungen. So sagte er einmal voraus, Göldi werde mit größter Sicherheit anlässlich der Feier zum vierzigsten Jahrestag der Machtergreifung durch Ghadhafi amnestiert werden. Doch das stellte sich als eine zu optimistische Prognose heraus. Ziegler wäre zu diesen Feierlichkeiten eingeladen gewesen, doch er lehnte eine Teilnahme unter den gegebenen Umständen ab.

Ziegler pflegt überhaupt ein besonders enges Verhältnis zu Calmy-Rey. Die beiden kennen sich aus ihrer gemeinsamen Zeit in der Genfer SP. Ziegler rechnet Calmy-Rey hoch an, dass die Schweiz neben Kanada und Spanien als eines der wenigen Länder weiterhin in Kuba Entwicklungshilfe leistet. In seinen regelmäßigen Kolumnen in der Gewerkschaftszeitung *Work* lobt er die Außenministerin immer wieder in hohen Tönen. Als Calmy-Rey im Nationalrat für eine Schweizer Beteiligung an der europäischen Schutzmission Atalanta warb, wurde diese Vorlage unter anderem mit Hilfe vieler sozialdemokratischer und grüner Stimmen abgelehnt. Das sei ein «konfuser Pazifismus», gab ihr Ziegler darauf in seiner Kolumne Schützenhilfe. Die Handelsschiffe in der Meerenge zwischen Aden und Djibouti könnten nur mit Waffen vor den kriminellen Piraten geschützt werden. Natürlich ging es Ziegler dabei nicht nur um die Unterstützung von Calmy-Rey. Was ihm hier besonders Sorge macht, ist die Tatsache, dass unter diesen Piratenattacken auch die Schiffe des Welternährungsprogramms der Uno zu leiden haben.

Obwohl er anfänglich ein Gegner eines Schweizer Beitritts zum Schengen-Abkommen der EU war, unterstützte Ziegler die Außenministerin nach einem wahren gedanklichen Salto schließlich auch in dieser Frage. In einer *Work*-Kolumne im Vorfeld der Volksabstimmung hatte Ziegler noch geschrieben, der «mit Millionen Franken angeheizte Propagandafeldzug ist total absurd». Das bilaterale Abkommen mit der EU sei nicht nur aus Gründen des Datenschutzes abzulehnen, sondern auch, weil es asylfeindlich sei. Calmy-Rey reagierte darauf prompt mit einer Stellungnahme in der Gewerkschaftszeitung. Dies veranlasste Ziegler, seine Kolumne der Vorwoche mit einer «Richtigstellung» zu widerrufen: «Die kluge, mutige Außenpolitik von Bundesrätin Calmy-Rey und Staatssekretär Michael Ambühl verdient unsere volle Unterstützung. Meine Kritik richtet sich gegen die asylfeindliche Grundhaltung des Vertragswerks Schengen/Dublin. Die Schweizer Diplomatie hat brillant verhandelt, sie hat in Brüssel das Maximum dessen herausgeholt, was möglich war. Wir müssen am 5. Juni trotz aller Kritik Ja stimmen.» Die Rücksichtnahme auf seine Genfer Parteigenossin dürfte natürlich auch damit zu erklären sein, dass Ziegler bei seinen Uno-Mandaten immer auch auf das Wohlwollen der Außenministerin angewiesen ist. Die logistische Unterstützung des Außendepartements ist für ihn Gold wert. In diesem Sinn ist Ziegler eben doch bis zu einem gewissen Grad auch ein Realpolitiker.

Im Zentrum eine rote Patchworkfamilie
Zieglers privates Beziehungsnetz

In Jean Ziegler Freundeskreis ist von links bis rechts das ganze politische Spektrum vertreten. Er verkehrt nicht nur mit globalisierungskritischen Genossinnen und Genossen. Wie weit gefächert das private Beziehungsnetz dieses libertären Marxisten ist, illustriert eine Begegnung mit zwei seiner Freunde im Restaurant Le Florivert in Genf. Am Tisch sitzt im offenen violetten Hemd Régis Debray, ehemals Kampfgefährte von Che Guevara in Bolivien. Rechts von ihm im maßgeschneiderten Anzug Maître Marc Bonnant, «einer der berühmtesten Anwälte der Welt» – so wurde er unlängst in New York in einem Prozess gegen die Bank Merrill Lynch vorgestellt. Der Genfer Anwalt der Reichen und Superreichen und der ehemalige Guerillakämpfer sind nicht nur mit Ziegler, sondern auch miteinander befreundet.

Wenn es nicht um Politik, sondern um kulturelle Interessen geht, verstehen sich Ziegler und Bonnant ausgezeichnet. Verirren sich die Gespräche der beiden trotzdem einmal in die Politik, bleibt es bei ironischen kleinen Sticheleien. Auch in dem Gespräch über seinen abwesenden Freund lässt es der Genfer Staranwalt bei einer rhetorischen Frage bewenden: «Darf man sein eigenes Land so angreifen, wie Jean das in seinem Buch *Eine Schweiz – über jeden Verdacht erhaben* gemacht hat?» Die Kritik ist in der Frage enthalten – aber weiter mag Bonnant sie nicht ausführen. Denn er bewundert Ziegler für seinen Mut, sich in der Öffentlichkeit ohne Rücksicht auf die eigene Person derart zu exponieren.

Dieser Respekt beruht trotz der ideologischen Differenzen auf Gegenseitigkeit. Ziegler beschreibt Bonnant als Anarcho-Liberalen, der sich gegen jegliche Beschränkungen der Bürgerfreiheit wehrt. Gäbe es in der Schweiz ein Pendant zur amerikanischen Tea-Party-Bewegung, wäre Bonnant wohl dabei. Ziegler sieht jedoch in erster Linie die soziale Ader, die Bonnant trotz seiner erzliberalen Position in sich trägt. Zusammen mit Zieglers Frau Erica hat er sich während Jahren mit großem Einsatz um einen mittellosen krebskranken Jugendlichen gekümmert. Durch dieses Engagement hat sich die freundschaftliche Verbundenheit zwischen Zieglers und Bonnants bis heute erhalten.

Eine besonders enge freundschaftliche Beziehung verbindet Ziegler mit Régis Debray. Der heute als Schriftsteller tätige ehemalige Guerillero hat ihm für seine Bücher manche Idee geliefert. Mitte der Neunziger schrieben sie zusammen das Buch *Il s'agit de ne pas se rendre* und behandelten darin das Menschenrecht auf Nahrung. Trotz ihrer politischen Verwandtschaft nennt Debray Ziegler jedoch einen «calvinistischen Prediger» und «Utopisten». Im Gegensatz zu Ziegler hat Debray nämlich mit Fidel Castro gebrochen. Der Franzose, der in Bolivien zur Vorhut von Ches Guerillatruppe gehörte, wurde 1967 von der bolivianischen Regierung gefangengenommen und zu dreißig Jahren Haft verurteilt. Ein paar Jahre später kam er nach einem Regierungswechsel – und nicht zuletzt auf Druck einer von Präsident Charles de Gaulle angeführten Kampagne – wieder frei. Er spricht nicht gern über diese Zeit, was nicht erstaunlich ist, endete die lateinamerikanische Guerilla doch nach der Ermordung Che Guevaras durch die Armee in einem Fiasko. Zurück in Frankreich, wurde Debray unter Präsident François Mitterrand Berater für internationale Angelegenheiten. Ihm war allerdings nie wohl in dieser Funktion. Er bezeichnete sich selber einmal als «blinder Passagier in der Luxuskabine». Die Realpolitik lag Debray ganz und gar nicht. Doch seine Kritik an Mitterrands sozialistischer Regierung ist im Rückblick weit weniger hart als die von Ziegler. In seinem Buch *Vive le pouvoir* bezeichnet Ziegler Mitterrand als einen Kolonialisten und Bonapartisten, der die sozialistische Sache verraten habe. Heute lebt der siebzigjährige Debray zurückgezogen in einer kleinen Zweizimmerwohnung im Quartier Saint-Germain in Paris und widmet sich seinem schriftstellerischen Werk. Eins seiner jüngsten Arbeiten war ein Theaterstück mit dem Titel *Julien l'apostat*, Julius der Abtrünnige.

Hier schließt sich auch der Kreis aus Ziegler, Bonnant und Debray. Ziegler hatte den Genfer Anwalt auf dieses Stück aufmerksam gemacht. Als Bonnant das Skript las, war er begeistert. Er rief Debray in Paris an und offerierte ihm, sich persönlich und finanziell dafür einzusetzen, dass das Stück in Genf gespielt werden könne. Bonnant fand das Drama über religiöse Intoleranz hochaktuell. Debray lässt den römischen Kaiser Julian auftreten, der von 360 bis 363 regierte und vom christlichen Glauben abgefallen war. Sein sich durch das ganze Stück ziehender Monolog thematisiert immer wieder den mittlerweile in allen drei monotheistischen Religionen aufkeimenden Fundamentalismus.

Zur Uraufführung ins Théâtre des Amis in Carouge kam im Herbst 2010 «tout Genève», angefangen vom liberalen Ex-Nationalrat Jacques-Simon Eggli, Präsident der Auslandschweizerorganisation, bis hin zu namhaften Privatbankiers. Zwar musste Ziegler während des vorhergehenden Apéros ein paar ironische Bemerkungen über sich ergehen lassen, doch er schien sich in dieser Gesellschaft sichtlich wohl zu fühlen. Er kannte praktisch alle der von Bonnant geladenen Gäste. Nadine Baronesse de Rothschild fiel Zieglers Frau Erica bei der Begrüßung gar um den Hals; die Vertreterin der

Genfer Privatbank hegt keinerlei Abneigung gegen die ehemalige PdA-Politikerin. Wie sollte sie auch? In ihren jungen Jahren war die Baronesse in Paris noch Mitglied einer kommunistischen Jugendorganisation. Es waren an dem Abend all die Mitglieder der Upperclass Genfs zugegen, die keine politischen und ideologischen Berührungsängste kennen. Debrays Stück war ein Riesenerfolg. Der linke Pariser Schriftsteller wurde auf die Bühne gebeten, und Genfs Bourgeoisie bedachte ihn und den Star-Schauspieler Jean-François Balmer mit tosendem Applaus. Die Freunde Ziegler und Bonnant hatten dem Stück zu seinem Durchbruch verholfen; kurz darauf wurde es in Paris gespielt.

Zum politisch bunten Freundeskreis von Ziegler gehört neben alt Bundesrat Adolf Ogi auch der französische Historiker Max Gallo. Das Mitglied der Académie française liegt auch nicht auf Zieglers Linie und hat eine eigene Entwicklung vom Linken zum Sarkozy-Anhänger hinter sich. Pas de problème: Trotz des Seitenwechsels käme es Ziegler nicht in den Sinn, ihm die Freundschaft aufzukündigen.

Am nächsten steht Ziegler – abgesehen von Erica Deuber-Pauli, seiner zweiten Frau, die er 1999 heiratete – sein Sohn Dominique. Politisch liegen Vater und Sohn ziemlich auf derselben Linie. Der 1970 geborene und auf den Namen Dominique Pascal Karim getaufte Sohn ist allerdings noch ein Stück radikaler als der Vater. Seine Ansichten vertritt er lockerer als sein Papa und ganz ohne missionarischen Unterton. Bei aller Bewunderung sieht er seinen Vater auch mit kritischen Augen, wie er 2009 anlässlich der Verleihung des Docteur Honoris Causa der Université der Savoie in Chambéry auf humorvolle Art durchblicken ließ: «Wie die meisten echten Intellektuellen ist er immer noch unfähig, sich ein Ei zu kochen oder ein E-Mail zu öffnen; und, noch schlimmer, für einen im dialektischen Materialismus gebadeten Marxis-

Seit der gemeinsamen Zeit im Nationalrat ist Ziegler mit
alt Bundesrat Adolf Ogi befreundet.

ten zeigt er seit Mitte der fünfziger Jahre eine unwürdige
Frömmigkeit. Am Familientisch bezieht er sich immer wie-
der auf Gott und die Liebe, was selbst seinem siebenjährigen
Enkel auf die Nerven geht, der darin einen archaischen Aber-
glauben sieht.» Dominique wirft seinem Vater zudem vor,
dass er bei fast all seinen Gegnern immer auch eine gute
Seite zu sehen sucht. Er bewege sich eben viel zu oft unter
Diplomaten und sei mit seinen Feinden viel zu höflich.

Tatsächlich fühlt sich Ziegler nicht nur im Kreis der Genfer
Oberschicht, sondern auch unter internationalen VIPs sehr
wohl. Wir stehen vor der Salle des Droits de l'Homme et de
l'Alliance des Civilisations im Genfer Palais des Nations, wo
einst der Völkerbund tagte. Ziegler begrüßt am Saaleingang

die zur vierten Session des beratenden Ausschusses des Menschenrechtsrates viele der Botschafter der siebenundvierzig Mitgliedsländer, die nach und nach eintreffen. Einzelne Vertreter von Entwicklungsländern umarmt er, etwa den Abgeordneten aus Kuba. Als der Vertreter Chiles eintrifft, begrüßt er ihn herzlich und sagt so, dass alle Umstehenden es hören können: «Dieser Mann steht politisch rechts, aber er ist trotzdem hochintelligent.» Alle lachen schallend, auch der Südamerikaner. Und dann geht man wieder zum Smalltalk über. Dieses Diplomatenmilieu behagt Sohn Dominique überhaupt nicht. Er begreift sich zwar im selben Kampf gegen den «Raubtierkapitalismus» aktiv wie sein Vater. Doch er will ihn auf andere Art und mit anderen Mitteln führen.

Dominique Ziegler suchte lange, bis er seinen Weg fand. Zwar genoss er als Kind, das kurz nach Achtundsechzig geboren wurde, eine wenig autoritäre Erziehung. Trotzdem scheint sein Vater von Anfang an gewisse Vorstellungen im Kopf gehabt zu haben, was einmal aus seinem Sprössling werden soll. Für den war die ungefähre Richtung aber schon durch die Präsenz eines starken Vaters vorgegeben, was in der Pubertät zu heftigen Zusammenstößen führte. Es kam hinzu, dass Dominique von seiner Umwelt lange nicht als eigenständige Person, sondern als Sohn einer weitherum bekannten Persönlichkeit wahrgenommen wurde. Um sich eine eigene Identität zu schaffen, blieb ihm fast nichts anderes übrig, als sich gegen seinen Vater abzugrenzen. Dies tat er, indem er ihn zuweilen in aller Öffentlichkeit heftig attackierte, etwa indem er ihm vorwarf, gegenüber seinen politischen Gegnern zu wenig konsequent und viel zu kompromissbereit zu sein. Ziegler nahm die Kritik immer gelassen. «Er hat eben ein sehr dickes Fell», sagt Dominique lachend.

Das offene Elternhaus in Choulex nahe der französischen Grenze war nicht nur für Dominique, sondern auch für seine

Kameraden aus der Nachbarschaft ein beliebter Spielplatz mit viel Freiraum. Sein Vater habe sich zwar meist zum Schreiben oder Lesen in sein Büro zurückgezogen. Doch wenn er da war, habe er immer eine sehr intensive Präsenz ausgestrahlt. Er war bei den Kindern des Dorfes beliebt, «weil er immer zu allerlei Späßen aufgelegt war», erinnert sich der Sohn. Die Kinder nannten seinen Vater «le gros loup», den großen Wolf. Seine Spielkameraden hätten ihn eben nicht als eine Autoritätsperson, sondern als eine Art Kumpel erlebt.

Das war die glückliche Seite von Dominiques Kindheit. In schlechter Erinnerung hat er die handfesten Drohungen, die immer wieder gegen seinen Vater und auch gegen die ganze Familie ausgestoßen wurden. Zieglers wohnten neben dem Café des Amis, der Dorfbeiz von Choulex. Zwar tuschelten die Dorfbewohner am Stammtisch hinter vorgehaltener Hand über den prominenten Einwohner, wenn wieder eins seiner Bücher in den Medien Furore machte. Trotzdem war Ziegler im Dorf sehr beliebt, umso mehr, als er dem in der Westschweiz verbreiteten Bild des verschlossenen und biederen Deutschschweizers nicht entspricht.

Die Anfeindungen kamen vielmehr von außerhalb des Dorfs, aus Genf oder Zürich. Eine Zeitlang wurde Dominique deshalb von Sicherheitsleuten in die Schule begleitet; und als die Drohungen immer enthemmter wurden, lebte er unter diskretem Polizeischutz – was er erst als Erwachsener erfuhr. Ziegler verschwieg seinem Sohn meistens, wenn die Familie wieder einmal eine anonyme Morddrohung erhielt. Doch Dominique bemerkte, dass sein Vater fast eine Art Verfolgungswahn entwickelte. Er erzählte ihm zum Beispiel Geschichten wie die der Ermordung des sozialdemokratischen Außenministers von Schweden, Olof Palme. Wenn das Telefon klingelte und ein anonymer Anrufer seinen Vater mit Schimpfwörtern eindeckte, wurde dies natürlich zu einem

Gesprächsthema am Mittagstisch. Die vielen Angriffe führten in der Familie zu einer Solidarisierung und schweißten insbesondere Vater und Sohn zusammen.

Auch die rund zwei Dutzend Reisen nach Mali, in den Senegal, nach Äthiopien, Burkina Faso, Kuba und andere Drittweltländer, auf denen er seinen Vater bereits im Alter von sechs Jahren begleiten durfte, haben Dominique Ziegler geprägt. Er wurde ebenfalls zu einem Fan von Afrika. «Meine Mutter ist Ägypterin, ich habe diesen Kontinent sozusagen in den Genen», sagte er einmal. Während sein Vater dort für die Forschung tätig war oder seine internationalen Mandate wahrnahm, strich Dominique allein durch die Straßen von Ouagadougou oder Dakar. Der soziale Zusammenhalt, den er in diesen Ländern beobachtete, beeindruckte ihn. Einmal sah er in einem Dorf in Togo einen älteren Mann vor seiner Hütte sitzen, dem der Schweiß von der Stirn perlte. Auf seinem Kopf brannte eine Kerze. Die ganze Dorfbevölkerung hatte sich singend und betend um ihn herum versammelt. Dominique erfuhr, dass der Mann an einer schweren Krankheit litt, und die Zeremonie war Teil der Behandlung. Im Gegensatz zu seinem Vater glaubt Dominique nicht an die Wirksamkeit solcher Riten, ihm fehlt die irrationale Seite seines Vaters. Doch die Solidarität und das Mitgefühl, das die Menschen da gegenüber einem ihrer Mitbürger praktizierten, übten eine große Wirkung auf ihn aus.

Besonders lebhaft erinnert sich Dominique Ziegler an ihre gemeinsamen Reisen nach Burkina Faso, dem damaligen Obervolta. Nachdem der Freund seines Vaters, der charismatische Thomas Sankara an die Macht gelangt war, reisten sie mehrmals dorthin. Dominique war von Sankara stark beeindruckt. Er sei kein Usurpator gewesen wie viele andere afrikanische Führer, die, kaum an die Macht gelangt, korrupt wurden. Sankara habe das gelebt, was er predigte. Sein Haus habe eher einer Baracke geglichen als der Residenz eines Regierungschefs. Der Staatschef sei immer mit einem Deux-Chevaux, einer «Ente» zum Regierungssitz gefahren. Die Reisen haben Dominique Ziegler nicht nur für die sozialen Probleme der Dritten Welt sensibilisiert, sondern auch politisiert. Im Unterschied zu seinem Vater kann er aber weder mit der Soziologie noch mit der institutionellen Politik viel anfangen.

Er wollte nie Akademiker werden. Im Gegensatz zu seinem Vater war Dominique kein guter Schüler. Trotzdem bestand sein Vater jedoch darauf, dass er zumindest die Matura mache. Denn für ihn stand von Anfang fest, dass Dominique so oder so einmal studieren werde. Zuerst sollte er aber noch richtig Deutsch lernen und wie er selber zu einem Bilingue werden. Ziegler schickte seinen Sohn mit vierzehn Jahren in eine deutsche Privatschule auf der ostfriesischen Insel Spiekeroog nördlich von Bremen. Die Idee hatte er von Willy Brandt, mit dem er im Exekutivrat der Sozialistischen Internationale saß. Auch Brandt hatte seine beiden Söhne in diese Schule geschickt. Dominique war in Norddeutschland todunglücklich, und seit seiner Rückkehr ins Collège in Genf spricht er, wie die meisten Westschweizer, nach wie vor sehr ungern Deutsch.

Die Rekrutenschule war dann ein weiteres traumatisches Erlebnis für Dominique Ziegler. Der noch viel stärker als sein Vater zum Anarchismus tendierende Dominique bekundete große Mühe mit Autoritäten und der militärischen Disziplin. Schon nach wenigen Tagen rastete er aus und schüttete einem Offizier vor Wut ein Glas Bier ins Gesicht, was ihm ein paar Tage scharfen Arrest eintrug. Er wurde aus der Armee ausgeschlossen. Kurz darauf verpflichtete er sich wie schon sein Vater für einen Freiwilligeneinsatz bei der Wohltätigkeitsorganisation Emmaus, zuerst im italienischen Arezzo, dann in Chile.

Als Dominique Ziegler nach diesem längeren Auslandauf-
enthalt in die Schweiz zurückgekehrt war, versuchte sein
Vater für ihn die Weichen neu zu stellen. «Nun geh an die
Uni», forderte er ihn auf. Dominique gab nach langem Zögern nach und tat schließlich, wie ihm geraten wurde. Doch
er hielt es auch dort zur großen Enttäuschung seines Vaters
nur wenige Wochen aus. Die Theorien langweilten ihn, er sah
aber auch keine Alternativen. Diese Ziellosigkeit bereitete
dem Vater große Sorgen. Für Dominique stand nur fest,
dass er sich unter keinen Umständen in die kapitalistische
Gesellschaft integrieren lassen wollte. So lebte er zusammen mit einigen Genfer Hausbesetzern eine Weile lang
sein Ideal einer hierarchiefreien Gemeinschaft. Er widmete
sich Kulturprojekten und kiffte, zum großen Ärger seines
Vaters.

Doch auf Dauer konnte ihn diese Existenz am Rande der
Gesellschaft nicht befriedigen. Freunden aus der Theater-
szene, zu denen etwa Jean-Luc Bideau gehörte, gelang es,
Dominique für den Beruf des Schauspielers zu motivieren.
Dieser Versuch trug Früchte. Nach der Ausbildung in Paris
wurde der junge Schauspieler vom Théâtre de Carouge an-
gestellt, einer in der Westschweiz sehr bekannten Bühne.
Schon bald machte sich Dominique als Regisseur und enga-
gierter Komödienautor einen Namen. Auf diesem Feld kann
er sich ausleben, hier ist ihm fast alles erlaubt, solange es
nicht gesetzeswidrig ist. Anders als sein Vater riskiert er auf
der Bühne kaum Gerichtsprozesse. Und er muss kaum Kompromisse eingehen.

Dominique Ziegler knüpft in seinen Theaterstücken häufig an Erlebnisse in der Dritten Welt an. Sein erstes Stück,
N'Dongo revient, eine Satire auf die Afrikapolitik Frankreichs,
hatte in Paris großen Erfolg. Seine Theaterstücke sind, wie
die Bücher des Vaters, in einer sehr polemischen Sprache ge-

halten. Sie gleiten aber nie in krude, missionarische Agitpropaganda ab, sie sind pointiert, witzig und spannend.

Seit Jean Ziegler Mitte der Neunziger zu seiner zweiten Frau Erica in das Rebbaudorf Russin auf der anderen Seite Genfs gezogen ist, bewohnt Dominique das Elternhaus in Choulex. Als alleinerziehender Vater wird er bei der Betreuung seines Sohnes Theo sowohl von seiner Mutter als auch von Zieglers heutigen Ehefrau Erica unterstützt. Dominiques Ex-Partnerin, die Mutter Theos, ist Buddhistin und hat auf der Suche nach ihrem Karma in Ladak einen Nepalesen kennengelernt. Mit diesem hat sie eine Tochter namens Sangjana. Die ganze achtköpfige Patchworkfamilie verbringt seit Jahren ihre Ferien in Arles, in einem prächtigen Haus mit großer Dachterrasse, mitten in der Altstadt. In dem Haus, das dem Pressefotografen Eduard Rieben gehört, haben auch schon die ehemalige Gewerkschaftsführerin Christiane Brunner und alt Bundesrätin Ruth Dreifuss Ferien gemacht.

Mit Arles verbinden sich für Zieglers allerdings nicht nur gute Erinnerungen. Im Jahr 2000 wurden er und seine Frau Erica in der südfranzösischen Stadt im Hotel Mercure nachts im Schlaf mit einem Spray betäubt und ausgeraubt. Statt wie geplant um sechs Uhr früh abzureisen, wachten sie erst um neun Uhr auf – mit heftigen Kopfschmerzen. Bestürzt mussten sie feststellen, dass Geld, Schlüssel und Kreditkarten gestohlen waren.

Auch an Weihnachten trifft sich die ganze Familie, ob nun gläubig oder nicht gläubig, zur Feier. Zieglers Enkel Theo wollte einmal bei dieser Gelegenheit von seinem Großvater wissen, ob es einen Gott gebe oder nicht. Er werde bei solchen Fragen recht ungehalten und antworte, Gott sei die Liebe und deshalb überall, erzählt seine Frau Erica. Ihr Mann verwickle sich dabei oft in Widersprüche. Wenn Ziegler von Erwachsenen gefragt wird, wie er es mit der Religion halte, gerät er weniger in Verlegenheit. Er pflegt dann Victor Hugo zu zitieren, der einmal gesagt haben soll: «Je déteste toutes les églises, j'aime les hommes, je crois en Dieu», «Ich hasse alle Kirchen, ich liebe die Menschen, ich glaube an Gott». Wenn Ziegler mit seinem Enkel «Mafia» spielt, fühlt er sich schon wesentlich sicherer. Denn über das organisierte Verbrechen hat er ebenfalls ein Buch geschrieben. Nach Weihnachten geht die ganze Familie regelmäßig nach Leukerbad ins Hotel Escher in die Skiferien.

Seine acht Jahre jüngere Frau Erica kennt Ziegler bereits seit Anfang der siebziger Jahre, als sie noch Assistentin der Kunstgeschichte an der Universität Genf war. Ziegler schrieb damals am Buch *Les vivants et la mort*. Er kannte von seiner Forschung in Lateinamerika das Candomblé, eine Form des Spiritismus mit afrikanischen Gottheiten und Geistern. Was ihm fehlte, war der westliche Bezug zum Thema Tod. Hierzu erhielt er Material von seiner späteren Frau. Sie hatte damals ein Seminar über das Thema Kultur und Tod und über die Entstehung der Kultur veranstaltet.

Erica stammt im Gegensatz zu Zieglers erster Frau aus sehr einfachen Verhältnissen. Die 1942 geborene Tochter einer Haushaltshilfe aus dem Bernbiet und einem Gärtner, der auf dem Markt von Plainpalais in der Genfer Innenstadt sein Gemüse verkaufte, war und ist ihrer politischen Einstellung nach sehr links. Sie ist Marxistin, lehnte aber wie Ziegler den Sozialismus sowjetischer Prägung immer ab. In jungen Jahren war sie Mitglied verschiedener politischer Gruppierungen, wie etwa des Komitees zur Unterstützung der Palästinenser. Erica Deuber-Pauli war zuerst mit einem französischen Deserteur verheiratet, der sich geweigert hatte, am Kolonialkrieg in Algerien teilzunehmen. Kennengelernt hatte sie ihn als aktives Mitglied einer Vereinigung zur Unterstützung der algerischen Unabhängigkeitsbewegung. Als Parteilose engagierte sie sich unter anderem an der Kampagne gegen das geplante Atomkraftwerk in Verbois oder für die Entwicklungsorganisation Terre des Hommes.

Eines Tages kurz nach dem Fall der Berliner Mauer traf Ziegler Armand Magnin, den Sekretär der kommunistischen Partei der Arbeit. Magnin klagte, seine Partei werde durch die neue geopolitische Entwicklung auch in Genf arg in Mitleidenschaft gezogen und sei sozusagen am Boden zerstört. «Ihr müsst halt jüngere Kräfte, die nie mit dem sowjetischen Totalitarismus verhängt waren, für euch kandidieren lassen», gab ihm Ziegler zu bedenken. Bei dieser Gelegenheit nannte er ihm gleich eine mögliche Kandidatin für die bevorstehenden Wahlen, nämlich seine Frau. Die PdA nahm den Vorschlag auf, und sie wurde prompt mit den meisten Stimmen für die Partei in den Großen Rat gewählt. Heute ist sie in der Partei nicht mehr aktiv. Sie war eine Zeitlang Genfer Kulturdirektorin und lehrte an der Universität Dijon mittelalterliche Kunstgeschichte. Ihr Spezialgebiet ist die Marienkunst. Später leitete sie die Forschungsabteilung des Museums für Ethnographie in Genf.

Erica Deuber-Pauli – sie besteht auf der vollen Schreibweise ihres ursprünglichen Namens, denn so kennt man sie in Genf – und Jean Ziegler gehen auch als Ehepartner ihren je eigenen Interessen nach. Als Ziegler seine Frau vor der Heirat seiner Schwester Barbara vorstellte, sagte diese zu Erica: «Bist du dir bewusst, dass Jean eine eher unzuverlässige Person ist?» – «Ja, das weiß ich», lautete die Antwort. Das schreibt Ziegler sogar von sich selbst: «Ich bin ein eher zerstreuter, unruhiger und unbeständiger Mensch», heißt es in *Wie herrlich, Schweizer zu sein.* Erica Deuber akzeptiert diesen Charakterzug ihres Mannes. Sie hat sich damit abgefunden, dass sie oft nicht weiß, wo er steckt. Selbst in den Ferien verschwinde er oft für Stunden, ohne etwas zu sagen. Dann findet sie ihn manchmal plötzlich irgendwo schreibend oder lesend in einen Café sitzen. Wenn es um seinen Enkel gehe, halte er sich hingegen strikt an die vereinbarten Termine. Ein Schülerkonzert, bei dem der kleine Theo mitmacht, würde er nie verpassen. Dafür ist Großvater Ziegler durchaus bereit, eine wichtige Verabredung abzusagen.

Ein unverrückbarer Termin ist für Ziegler auch die Gymnastikstunde Montags und Donnerstags mit seinem Coach Pascal Dupré. Denn er ist sich bewusst, dass er ohne diese Fixpunkte die Disziplin für eine regelmäßige sportliche Betätigung nicht aufbringen würde. Der Besuch eines Fitnesscenters wäre Ziegler wegen der sterilen Atmosphäre ein Greuel. Ziegler ist trotz seines fortgeschrittenen Alters immer noch sehr sportlich, fährt Ski, betreibt Langlauf und spielt Tennis. Seine Sportbegeisterung aus der Jugend hat er sich erhalten.

Mit Ehrungen überschüttet
Späte Rehabilitierung?

Eigentlich könnte sich Jean Ziegler längst zur wohlverdienten Ruhe setzen. Von seinem Büro in Russin hat er eine prächtige Aussicht auf den breiten Rücken des Salève, den Genfer Hausberg, und auf den Montblanc im Hintergrund. Das Weindörfchen in der malerischen Landschaft unweit der französischen Grenze wäre der ideale Ort für einen geruhsamen Lebensabend. Ziegler wohnt im Dorfzentrum in einem älteren Haus, das seiner Frau gehört, wie er betont, denn aus seinen Prozessen liegen bei ihm immer noch Millionenforderungen. Der Besucher sieht auf den ersten Blick, dass hier zwei Bohemiens hausen. Im Entree stolpert er knapp über ein Paar Wanderschuhe, und im Esszimmer liegen überall Spielsachen von Enkel Theo herum. Die Möblierung ist zwar gutbürgerlich, aber in die Jahre gekommen. Das Haus ist jedenfalls nicht für Repräsentationszwecke eines Uno-Diplomaten eingerichtet. Im oberen Stock arbeiten Ziegler und seine Frau Erica, die als freie Beraterin weiterhin kunsthistorische Mandate betreut, in ihren je eigenen Büros.

Soeben hat «Hermano» Hugo Chavez aus Venezuela angerufen. Er will wissen, wie er sich zu den kriegerischen Ereignissen in der Elfenbeinküste stellen soll. Für Ziegler ist der Fall klar. Er hält weiterhin zu seinem Freund Laurent Gbagbo, der sich mit Waffengewalt gegen die Amtsübernahme des rechtmäßig gewählten Alassane Ouattara wehrt. Gbagbo habe als bisheriger Staatspräsident viele soziale Reformen zugunsten der armen Bevölkerung durchgeführt. Ouattara sei hingegen als ehemaliger Direktor beim Internationalen Währungsfonds und durch seine Mitarbeit bei vielen neoliberalen Reformprogrammen auf dem afrikanischen Kontinent kompromittiert, argumentiert Ziegler. Seine Frau schickt Chavez per E-Mail eine entsprechende Beurteilung der Lage.

«Ein Intellektueller wird nie pensioniert», sagte Ziegler wenige Monate vor seinem siebenundsiebzigsten Geburtstag in einem Interview in der deutschen Wochenzeitung *DIE ZEIT*. In Abwandlung des Ausspruchs «ich denke, also bin ich» des französische Philosoph René Descartes könnte man sagen, Ziegler lebe nach dem Motto «ich kämpfe, also bin ich». Er schreibt weiterhin Bücher und Artikel und hält alle paar Tage einen Vortrag oder ist in einer Talkshow zu sehen. Für sein Uno-Mandat fliegt er immer noch mehrmals im Jahr nach New York, allein 2010 war er siebenmal in Übersee. Ziegler hat sich im Lauf der Jahre, abgesehen von ein paar zusätzlichen Kilos, kaum verändert. Gemäß seinen eigenen Worten treibt ihn sein Zorn auf die «Weltdiktatur des globalisierten Finanzkapitals» unvermindert an. Dass er dauernd in Bewegung ist und für seine Ideen kämpft, hält ihn jung.

Er arbeitet bereits wieder an einem neuen Buchprojekt. In seinem Büro liegt mitten in einem heillosen Durcheinander von Büchern, Zeitungsausschnitten, Münzen in fremden Währungen und Medikamenten, Restanzen von seiner letzten Auslandreise, eine Kartonschachtel mit der Aufschrift «Nouveau livre – faim». Er schreibt ein neues Buch über den Hunger, diesmal ein analytisches.

Es fehlt bei Ziegler jede Spur von Altersmilde. Mit dem Schweizer Finanzplatz steht er weiterhin auf Kriegsfuß. An der Zürcher Bahnhofstrasse gilt der Bankenkritiker ungeachtet seiner Uno-Mandate immer noch als unverschämter Querschläger. In seiner Funktion als Sonderberichterstatter für das Recht auf Nahrung wurde Ziegler vor zehn Jahren vom legendären Ausstellungsmacher Harald Szeemann eingeladen, für das Begleitbuch zur Ausstellung *Geld und Wert – das letzte Tabu* der Expo.02 einen Beitrag zum Thema «Internationale Solidarität» zu liefern. Der von Ziegler eingereichte Text wurde nicht publiziert. Die Schweizerische Nationalbank hatte, als Hauptsponsor der Ausstellung, ihr Veto eingelegt. Das Direktorium teilte den Ausstellungsmachern per E-Mail unmissverständlich mit: «Jede Art von Kooperation im Rahmen des Projektes mit Jean Ziegler wird ausgeschlossen.»

In der Bevölkerung und in den Medien zeichnet sich im Verlauf der vergangenen Jahre jedoch ein gewisser Sinneswandel ab. Ziegler wird heute nicht mehr verteufelt wie noch vor zwanzig oder dreißig Jahren. Mittels Televoting wurde er 2004 vom Schweizer Fernsehpublikum in der Kategorie Politik für den Swiss Award ausgewählt. Und in einer im Auftrag der *SonntagsZeitung* von Isopublic vor wenigen Jahren durchgeführten repräsentativen Umfrage über die «bedeutendsten Schweizer aller Zeiten» rangierte Ziegler gar an 24. Stelle, direkt nach Hanspeter Tschudi, dem Vater der AHV. Erstaunlicherweise erreichte er in den Dörfern noch bessere Resultate als in den Städten. Sein gutes Abschneiden dürfte auch darauf zurückzuführen sein, dass er heute weniger direkt einzelne Exponenten der Schweizer Wirtschaft und Politik attackiert, sondern seine Kritik allgemein gegen das «Weltsystem des Raubtierkapitalismus» richtet. Seit der Finanzkrise und der Abzockerdebatte hat eine solche Kritik an Akzeptanz gewonnen. Der Begriff «Kasinokapitalismus» ist in den vergangenen Jahren zu einem geflügelten Wort geworden.

Kommt hinzu, dass Zieglers frühere Gegner inzwischen von der Bildfläche verschwunden sind, entweder weil sie gestorben sind oder weil sie nicht mehr am öffentlichen Leben teilnehmen. «Manchmal muss man einfach nur sich selber treu bleiben und lange genug leben, um die Rehabilitation zu erfahren», schrieb Kommunikationsberater Klaus Stöhlker bar jeder Rank, in seinem Blog unter dem Titel «Jean Ziegler überlebte das Schweizer Machtkartell». Stöhlker kämpfte 1975 im Auftrag der Banken gegen die SP-Bankeninitiative. Für die Vorbereitung der Abstimmungskampagne war es ihm damals gelungen, sich das Manuskript von Zieglers erster Streitschrift *Eine Schweiz – über jeden Verdacht erhaben* zu beschaffen. Dass er seinen damaligen Widersacher nie persönlich begegnet ist, scheint er heute fast etwas zu bereuen.

Die heute viel nüchternere Beurteilung von Zieglers Wirken hat auch damit zu tun, dass gut zwanzig Jahre nach dem Ende des Sowjetkommunismus die geopolitische Lage eine ganz andere ist. Während des Kalten Kriegs machte sich auch ein selbständig denkender Marxist verdächtig, ein trojanisches Pferd des Kreml zu sein. Hartgesottene Kommunisten, Neomarxisten, Sozialisten und sogenannte «unschweizerische Nonkonformisten» wurden während der Zeit der geistigen Landesverteidigung oft alle in einen Topf geworfen; inzwischen ist die Gesellschaft offener und das Meinungsspektrum heterogener geworden, der Konformitätsdruck weniger groß. Seit dem Niedergang der kommunistischen Parteien verschreckt ein sich als Marxist bezeichnender Intellektueller kaum noch jemanden.

So zollen heute selbst Persönlichkeiten, von denen man es nie erwartet würde, Ziegler ihren Respekt – oder bekunden sogar Sympathie. Als Ziegler vor rund zehn Jahren zum Sonderberichterstatter für das Recht auf Nahrung gewählt wurde, schrieb ihm alt Staatssekretär Franz Blankart: «Wiewohl ich manche Deiner Thesen nicht teile, sind wir Freunde geblieben. Unsere Verbindung ist auf Toleranz gebaut ... Für einen Job in der Uno stehe ich zur Verfügung (C.V. beiliegend).» Und David Syz, wie Blankart ehemaliger Direktor des Seco, interviewte Ziegler kürzlich anlässlich von dessen jüngstem Film über den Hunger. «Ziegler hat auf diesem Gebiet eine hohe Sachkompetenz, und es ist bewundernswert, wie er sich für die Hungernden einsetzt», sagt der CS-Verwaltungsrat und Präsident des Hightech-Unternehmens Huber + Suhner, der nach seinem Weggang vom Bund eine Filmausbildung absolvierte. Noch vor zwanzig Jahren hätte sich Syz kaum so wohlwollend über Ziegler geäußert.

Aber wer kann schon gegen den Kampf gegen den Hunger sein? Ziegler fokussierte in den vergangenen Jahren seine Energie auf ein Tätigkeitsfeld, auf dem man ihm nur schwerlich widersprechen konnte. Im Ausland genießt Ziegler seines großen Engagements und seines Mutes wegen schon immer Anerkennung. Dort wurde ihm ein Ehrendoktor nach dem anderen verliehen, von den Universitäten Brüssel, Paris 8, Liège und Savoie. Auch erhielt er viele Preise, den Bruno-Kreisky-Preis, den Salzburger Landespreis für Zukunftsforschung, den Literaturpreis für Menschenrechte in Frankreich für das Buch *Der Hass auf den Westen*, den internationalen Care-Preis Berlin. Besonders in den kirchlichen Kreisen Deutschlands ist er sehr populär. Ziegler meint, diese Auszeichnungen seien eine «normale Alterserscheinung». Mit weit mehr Stolz erfüllt ihn die Tatsache, dass er in den *Petit Larousse 2011* aufgenommen wurde. Das ist in Frankreich das meistverkaufte enzyklopädische Wörterbuch, und darin aufgenommen zu werden, kommt im frankophonen Raum einer Heiligsprechung gleich.

Ebenfalls eine Art Heiligsprechung waren seine zwei Uno-Mandate. In diesen offiziellen Funktionen der Weltorganisation gewann Ziegler viel Prestige. Aus dem Nestbeschmutzer von einst wurde plötzlich ein positiver Imageträger für die Schweiz. Adolf Ogi ist überzeugt, dass Zieglers «hervorragende Leistung im Kampf gegen den Hunger inzwischen auch in der Schweiz viel mehr anerkannt wird». Bei dieser Arbeit unterliefen Ziegler auch kaum je Fehler. Das Sammeln von Fakten, das Redigieren von Berichten und das Verfassen der Reden übernahmen seine Mitarbeiter und Mitarbeiterinnen. Ziegler sagt, dass er dieses Mandat ohne sie nie hätte wahrnehmen können.

Man wird sich auch zunehmend bewusst, dass Ziegler mit seiner Kritik an den Verhältnissen in der Schweiz als damals einsamer Rufer in der Wüste mittlerweile in vielen Dingen recht behalten hat, etwa mit seinen Angriffen auf den Finanzplatz als Versteck für Diktatorenvermögen oder den Missbrauch des Bankgeheimnisses oder die Geldwäscherei. Statt auf diese Kritik eine Antwort zu finden, haben Wirtschaft und Politik diese Konflikte lange Zeit ausgesessen, bis der Druck aus dem Ausland sie zum Handeln zwang. Beim Bankgeheimnis gibt man sich auch heute immer noch der Illusion hin, die Überbleibsel dieses Konstrukts ließen sich gegen die Missbilligung fast aller Industrieländer verteidigen.

Das bewegte Leben von Jean Ziegler zeigt, dass in der Schweiz im Verlauf der vergangenen Jahrzehnte ein tiefgreifender Mentalitätswandel stattgefunden hat. Zwar ist das Klima zwischen den politischen Parteien rauher geworden. Doch flächendeckende Kampagnen gegen einzelne andersdenkende Personen, bei denen sogar Mitglieder der Landesregierung mitmischen, gibt es nicht mehr. Eine lebendige Demokratie lebt von Kritik, es braucht sperrige und aufmüpfige Persönlichkeiten, und es braucht Intellektuelle wie Jean Ziegler, die es wagen, über das eigene Interesse hinaus zu denken, auch wenn sie zuweilen zu Maßlosigkeit neigen oder sich in die Utopie verirren.

Zeittafel

19. April 1934 Hans Ziegler kommt im Salem-Spital in Bern auf die Welt. Er wächst in Thun auf.

1953–1956 Studium der Rechte in Bern und Genf.

1956 Übersiedlung nach Paris und Studium an der Universität Sorbonne, neben der Rechtswissenschaft auch Soziologie.

1957 Erste ausgedehnte Reisen in den Nahen Osten und in die Länder des Maghreb.

1958 Promotion in Rechtswissenschaft an der Universität Bern.

1959 Studium der Soziologie an der Columbia University in New York. Rückkehr über Kuba in die Schweiz.

1960 Zieglers politische Meinungsäußerungen werden erstmals von der Polizei in einer Fiche vermerkt.

1965 Heirat mit Wédad Zénié.

1967 Wahl in den Nationalrat auf der Liste der Genfer Sozialdemokraten.

1961–1963 Stationierung als Assistent des Uno-Sonderbeauftragten Brian Urquhart in Léopoldville, dem späteren Kinshasa.

Ab 1965 Dozent am Institut Africain in Genf und Chargé de recherche an der Universität Genf.

Ab 1967 Lehrauftrag für Entwicklungssoziologie an der Universität Bern. Erneute Wahl in den Nationalrat auf der Liste der SP Genf.

1968 Beginn der Forschungstätigkeit über die afrikanische Diaspora in Brasilien.

1970 Sitzstreik der Soziologen an der Universität Bern gegen eine Abwertung von Zieglers Lehrauftrag. Geburt von Sohn Dominique Pascal Karim.

Ab 1972 Außerordentlicher Professor für Soziologie an der Universität Genf.

1976 Zieglers erste «Kampfschrift» erscheint in den Editions du Seuil unter dem Titel *Une Suisse au-dessus de tout soupçon*. Beginn der öffentlichen Auseinandersetzung um seine Genfer Professur.

1977 Der Genfer Staatsrat heißt Zieglers Beförderung zum ordentlichen Professor für Soziologie gut. Publikation von *Die Lebenden und der Tod*, der zu einem Klassiker der Todessoziologie wird.

1990 *La Suisse lave plus blanc (Die Schweiz wäscht weißer)* erscheint. Hans W. Kopp, der Ehemann von Bundesrätin Elisabeth Kopp, reicht in Paris eine Ehrverletzungs- und Kreditschädigungsklage gegen Ziegler ein.

1991 Zieglers Immunität wird vom Parlament aufgehoben.

1997 Das dritte «Interventionsbuch» erscheint, *Die Schweiz, das Gold und die Toten*.

1999 Mittlerweile hat Ziegler insgesamt neun Prozesse mit einer Klagesumme von 6,6 Millionen Franken am Hals. Ende des Nationalratsmandats wegen der von der SP Genf verordneten Amtszeitbeschränkung. Heirat mit Erica Deuber-Pauli.

2000 Ziegler wird zum Uno-Sonderberichterstatter für das Recht auf Nahrung gewählt.

2008 Einsitz im achtzehnköpfigen Konsultativausschuss des Menschenrechtsrates.

2011 Aufnahme in den *Petit Larousse*.

Auf Deutsch erschienene Bücher von Jean Ziegler

Politische Soziologie des Neuen Afrika. Ghana, Kongo-Léopold-ville, Ägypten. Aus dem Französischen von Alexander von Platen. München 1966.

Eine Schweiz – über jeden Verdacht erhaben. Aus dem Französischen von Klara Obermüller. Darmstadt, Neuwied 1976.

Die Lebenden und der Tod. Aus dem Französischen von Wolfram Schäfer. Darmstadt, Neuwied 1977.

Afrika: Die neue Kolonisation. Aus dem Französischen von Michel R. Lang unter Mitarbeit von Gudrun Küsel. Die Gedichte von Nâzim Hikmet wurden von Gisela Kraft aus dem Türkischen übersetzt. Darmstadt, Neuwied 1980.

Gegen die Ordnung der Welt. Befreiungsbewegungen in Afrika und Lateinamerika. Aus dem Französischen von Elke Hammer. Wuppertal 1985.

(zusammen mit Juri N. Popow): *Ändere die Welt, sie braucht es! Ein Dialog zwischen Ost und West.* Köln 1986.

(zusammen mit Jean-Philippe Rapp): *Burkino Faso – eine Hoffnung für Afrika? Gespräch mit Thomas Sankara.* Aus dem Französischen von Thomas Heilmann. Zürich 1987.

Genossen an der Macht. Von sozialistischen Idealen zur Staatsräson. Überarbeitete Fassung der französischen Originalausgabe. Aus dem Französischen von Walter van Rossum. Frankfurt am Main 1988.

Der Sieg der Besiegten. Unterdrückung und kultureller Widerstand. Aus dem Französischen von Elke Hammer. Wuppertal 1989.

Die Schweiz wäscht weißer. Die Finanzdrehscheibe des internationalen Verbrechens. Aus dem Französischen von Friedrich Griese und Thorsten Schmidt. München, Zürich 1990.

(zusammen mit Uriel da Costa): *Marx, wir brauchen Dich. Warum man die Welt verändern muss.* Aus dem Französischen von Inge Leipold. München, Zürich 1992.

Wie herrlich, Schweizer zu sein. Aus dem Französischen von Thorsten Schmidt. München, Zürich 1993.

Die Schweiz, das Gold und die Toten. München 1997.

Die Barbaren kommen. Kapitalismus und organisiertes Verbrechen. In Zusammenarbeit mit Uwe Mühlhoff. Aus dem Französischen von Hanna van Laak. München 1998.

Wie kommt der Hunger in die Welt? Ein Gespräch mit meinem Sohn. Aus dem Französischen von Hanna van Laak. München 2000.

Die neuen Herrscher der Welt und ihre globalen Widersacher. Aus dem Französischen von Holger Fliessbach. München 2003.

Das Imperium der Schande. Der Kampf gegen Armut und Unterdrückung. Aus dem Französischen von Dieter Hornig. München 2005.

Der Hass auf den Westen. Wie sich die armen Völker gegen den wirtschaftlichen Weltkrieg wehren. Aus dem Französischen von Hainer Kober. München 2009.

Das Gold von Maniema. Roman. Aus dem Französischen von Hanna van Laak. Essen 2010.

Bildnachweise

Die Abbildungen in diesem Buch stammen aus dem Privatbesitz
von Jean Ziegler, mit Ausnahme von der Abbildung S. 33:
© Markus Krebser.

Eugen Sorg

Die Lust am Bösen

Warum Gewalt nicht heilbar ist

160 Seiten, Klappenbroschur

ISBN 978-3-312-00474-4

Anfang der neunziger Jahre war Eugen Sorg als Rotkreuz-De-
legierter im auseinanderbrechenden Jugoslawien. Die Grau-
samkeiten und die Kaltblütigkeit, mit der die Täter davon
erzählten, waren für Sorg ein Schock – und ließen ihn nicht
mehr los. Als Reporter reiste er in Krisenregionen, und überall erlebte er, wie bereitwillig Scham und Gewissen außer
Kraft gesetzt werden können. In zahlreichen Interviews und
Gesprächen erforschte er die Motive von Gewalttätern: von
Menschen, die während Bürgerkriegen ihre Nachbarn best-
ialisch foltern, von Schülern, die Passanten auf S-Bahnhöfen
zu Tode treten, von Pflegerinnen, die während ihres Dienstes
wehrlose Alte umbringen. Sorg stellt die Frage nach dem
Warum – und stellt fest, dass unsere üblichen Erklärungsver-
suche nicht annähernd hinreichen. Sein Bericht gibt auf die
Frage, warum Menschen zu mitleidlosen Tätern werden,
eine unbequeme Antwort.

«Eugen Sorgs Beobachtungen sind treffend, seine Analysen
messerscharf und überzeugend. Aber auch schmerzhaft, weil
sie die Frage nach der wirkungsvollen Gegenwehr offen lassen. Das Böse zu erkennen, wenn es auftauche, sei jedoch
von entscheidender Wichtigkeit.»

Urs Rauber, *NZZ am Sonntag*

N & K

Jürg Wegelin
Mister Swatch
Nicolas Hayek und das
Geheimnis seines Erfolgs

240 Seiten, gebunden
ISBN 978-3-312-00447-8

Was er anfasste, wurde zu Gold: Nicolas Hayek galt als Wunderkind des Unternehmertums, als «Gott der Uhrenindustrie» – eine Legende schon zu Lebzeiten, über die allein in der Schweiz im Durchschnitt zwei Zeitungsartikel täglich erschienen. Dabei hat er sein Bild in der Öffentlichkeit größtenteils selbst vorgezeichnet. Wichtige Kapitel seines Lebens blieben dabei im Dunkeln: Seine Kindheit und Jugend im Libanon, der Aufstieg des mittellosen Immigranten zum gefragten Unternehmensberater – und seine tatsächliche Rolle bei der Erfolgsgeschichte der Swatch. Jürg Wegelin, der Hayeks Arbeit dreißig Jahre lang verfolgte, befragte etliche Konkurrenten, Politiker und ehemalige Mitarbeiter und schrieb die erste umfassende Biographie einer der faszinierendsten Unternehmerpersönlichkeiten der Gegenwart.

«Wegelins Biographie ist vor allem wegen der zahlreichen Anekdoten und neckischen Details lesenswert. Sie porträtiert Hayek nicht nur als einen der erfolgreichsten Unternehmer der Schweiz, sondern auch – als Menschen.»

Jon Mettler, *Berner Zeitung*

N & K